심리학으로 말하다

젠더

심리학으로 말하다
젠더

초판 1쇄 발행 | 2020년 12월 30일

지은이 | 게리 W. 우드
옮긴이 | 한혜림
펴낸이 | 조승식
펴낸곳 | 돌배나무
공급처 | 북스힐
등록 | 제2019-000003호
주소 | 01043 서울시 강북구 한천로 153길 17
전화 | 02-994-0071
팩스 | 02-994-0073
홈페이지 | www.bookshill.com
이메일 | bookshill@bookshill.com

ISBN 979-11-90855-03-7
979-11-90855-00-6 (세트)
정가 13,500원

심리학으로 03 말하다

GENDER

젠더

Gary W. Wood | 한혜림 옮김

게리 W. 우드 Gary W. Wood는 공인 심리학자, 솔루션 중심 코치, 상담 칼럼니스트이자 교사이다. 영국 내 다수의 대학교에서 심리학과 연구 방법론을 가르쳤으며 언론 매체를 통해 지식을 전하고 있다.

한혜림은 이화여자대학교 통·번역대학원에서 한영번역을 전공하고 전문 번역가로 활동하고 있다. 옮긴 책으로는『수학의 역사를 만든 놀라운 발견들』이 있다.

01

남성과 여성, 그리고 또 다른 선택지

『젠더: 심리학으로 말하다』에서는 태어나는 순간 우리를 '남자'와 '여자'로 구분 짓는 것이 어떠한 의미를 지니는지, 그러한 구분이 우리 삶의 모든 측면에 어떻게 영향을 미치는지 살펴볼 것이다.

젠더에 관한 일반적 통념

사람들은 극도의 스트레스를 받거나 죽음의 문턱에 서게

되었을 때 '나의 전 생애가 섬광처럼 눈앞에 펼쳐졌다'고 말한다. 하지만 미래를 예지하는 순간, 태어나 첫 숨을 몰아쉰 그 순간에 우리의 삶이 눈앞에 빤히 들여다보인다면 어떨까? 만약 모든 우여곡절, 인생의 유형, 그리고 선택들이 미리 결정된다면? 만약 신생아의 알몸을 슬쩍 한 번 본 것만으로, 펜을 놀려 아이의 일생을 계획해 버린다면? 만약 '생식기 추첨'의 결과가 우리의 운명이 되고, 생물학적 특징과 생리 기능이 우리의 심리를 결정짓는다면? 이러한 이야기는 디스토피아 과학 소설[1]에나 나올 법한 사악한 흉계처럼 들릴 것이다. 그러나 매일, 관련 서식을 작성할 때마다, 화장실을 갈 때마다, 우리는 태어날 때 정해진 정체성을 거의 같은 방식으로 확인하고 또 확인한다. 소년 아니면 소녀, 남성 아니면 여성, 레이디 아니면 젠틀맨으로.

『젠더: 심리학으로 말하다』는 '심리학으로 말하다' 시리즈의 한 편으로, 일상적인 이해, 대중 심리학, 학술 저서 사이의 격차를 좁히기 위해 저술된 비판적 입문서이다. 일상의 암묵적 합의에는 당연하게 여겨지는 많은 가정이 숨어 있고, 대중 심리학에서는 장난스러운 비유를 사용해 사람들의 기분을 달래고 상황을 단순화시킨다. 그러나 이러한 대중 심리학은 상황을 분명하게 보여주기보다는 모호하게 만들어버린다. 학계의 목표는 논의되지 않은 분야를 조명하는 것이지만, 때로 지나치게 학문적으로 접근하기 때문에 일상적 현실과 동떨어진 것처럼 느껴진다. 사회학자 켄 플러머Ken Plummer는 젠더를 '현대 사회에서 가장 명확한 개념인 동시에 사회과학 분야에서 가장 논란이 되는 개념'[2]이라고 설명했다. 이 책에서는 젠더라는 개념에 숨겨진 중요한 가정들을 다루고, 몇 가지 질문에 해답을 제시하며, 독자가 스스로 질문을 제기할 수 있도록 돕고 더 많은 탐구를 할 수 있도록 안내할 것이다.

젠더는 '명확히 보이는 곳에 숨어있다.' 심리학자 비비안 버르Vivien Burr는 젠더를 '우리의 일상적 삶이 펼쳐지는 배경'이라고 설명했다.[3] 젠더는 '정의正義, 정체성, 그리고 심지어는 생존과 관련된 현실적 난제를 직면하게 되는 경기장'이다.[4] 하지만 대체로 젠더는 '흥미로운 성격 특성'에 지나지 않는 것처럼 취급된다. 내가 연구법을 강의할 때 학생들은 판에 박힌 듯 '젠더 차이'를 연구계획에 반영하면서도, 이것이 합당한 일인지는 생각해 보지 않는다. 대중 심리학에서도 남자와 여자는 너무나 달라서 서로 다른 별에서 왔다고 생각하도록 부추기고 이러한 관점을 옹호한다. 심리학 학계는 이러한 시각을 제대로 반박하지 못하고 있다. 사회 심리학자 메리 크로포드Mary Crawford의 주장에 따르면 심리학 학술지에 화성/금성 시리즈의 책과 워크숍에 대한 광고가 실리면서 이 책이 정통성을 얻게 되었다.[5] 1990년대에 LGBTQ[6] 저자들은 젠더에 관해 '당연하게 여겨지는 것들'에 점점 더 강하게 도전했다. 『성의 인종차별: 젠더 자유 선언서The Apartheid of Sex: A Manifesto on the Freedom of Gender』[7]에서 마틴 로스블래트Martine Rothblatt는 이분법적 젠더 패러다임을 반박하는 일을, 지구가 우주의 중심이라는 생각을 반박한 이단적 행위에 비교한다.

이 책을 계속 읽기 전에 가장 최근 공문서를 작성한 게 언제였는지 떠올려 보자. 공문서의 성별 또는 젠더 항목을 작성할 때는 전통적으로 다음과 같은 두 가지 질문 중에 선택할 수 있다.

- 남성입니까?
- 여성입니까?

많은 사람들이 '남성 또는 여성' 외에 다른 선택이 있을 수 있다고 전혀 생각하지 못했다. 그러던 어느 날, 이러한 공문서 양식에 변화가 생겼다. '기타'와 '밝히지 않는 것을 선호함'과 같은 다른 선택지가 추가된 것이다. 어떤 사람들은 이런 변화를 두고 '자연계의 질서'에 대한 공격이라고 비난하거나 '정치적 공정성이 도를 지나쳤다'라며 매도했다. 도대체 어떤 사람이 왜 자신의 성을 밝히지 않기를 '선호'한다는 것일까? 남성과 여성 외에 무엇이 더 있을 수 있을까? 또 다른 사람들은 이 기회를 환영하며 이분법적 젠더라는 꼬리표에 대안이 될 수 있고 현실적인 삶을 더 잘 반영한다고 말했다. 『젠더: 심리학으로 말하다』에서는 이러한 질문뿐만 아니라 다른 관련 질문들도 다룰 것이다. 일단 젠더에 이의를 제기하면 의문이 꼬리를 물고 이어질 것이다.

인공지능AI 애플리케이션에서 시리Siri와 코타나Cortana 같은 '도우미'는 왜 여성화되었을까? 스포츠는 왜 신체지수가 아닌 젠더에 따라 구분될까? 젠더에 대한 고정관념이 우리 건강에 해로울까? 젠더의 역할을 정형화하는 것이 세상을 체계화하는 좋은 방법일까? 젠더, 권력, 불평등 사이에는 어떤 연관성이 있을까? 자기 계발서는 우리가 발전할 수 있도록 해결책을 제시하는 것일까, 아니면 현 상황에 대한 미봉책을 제시하는 것일까? 젠더 차이는 타고나는 것일까? 분홍색과 파란색 외에 우리를 표현할 수 있는 다른 색깔은 없을까? 우리가 젠더 없는 세상에서 살 수 있을까, 아니면 이러한 저항은 헛된 것일까?

이제 어디서부터 시작해야 할까? 통상적으로 심리학에서는 논의의 대상이 되는 용어를 명확하게 정의하는 것에서 시작한다. 말하자면 간략하게 정의를 내림으로써 모두 같은 선상에서 출발하도록 하는 것이다. 심리학이 무엇일까? 젠더는 무엇일까? 성과 젠더는 어떤 관계에 있는 것일까?

심리학이란 무엇인가?

심리학의 일반적 정의는 '생각과 행동에 관한 과학적 연구'이다.[8] 심리학은 인간이 무엇을 의미하는지, 우리를 행동하게 만드는 것이 무엇인지를 체계적인 방식으로 탐구하기 위해 자연과학과 마찬가지로 과학적 방법을 채택한다.

이러한 과학적 방법에는 대조실험, 관찰, 조사 등이 있으며, 양적 데이터에 해당하는 숫자나 질적 데이터에 해당하는 단어와 그림, 또는 이 두 가지를 결합한 형태의 데이터를 생성한다. 심리학 연구자들은 이러한 데이터를 분석해 연구 과제를 테스트하고, 이유를 설명하고, 이론을 발전시키고 개선하고 일반화하여, 미래의 행동을 예측한다. 심리학은 일상의 암묵적 합의에 의한 가정들과 대중 심리학의 가정들을 테스트하는 도구를 제공한다. 심리학은 때로는 '상식'을 확정 짓기도 하고, 때로는 근본적으로 다른 시각을 제시하기도 한다.

연구가 '진공 값'에서 수행될 수 없는 것과 마찬가지로 심리학이 절대 오류가 없는 것은 아니다. 심리학은 오류와 편견에 취약하며, 사람이 사람을 연구할 때는 이러한 문제가 생겨날 수밖에 없다.[9] 심리학은 진행중인 학문으로, 일부 심리학 연구는 사람들이 보지 못했던 것을 볼 수 있게 하는 것이 목표이다. 그리고 그 어느 때보다 '진실'에 가깝다고 생각되는 것들에 대해 인간이 가진 편견을 폭로한다. 심리학은 호기심 많은 어린 학생들을 화나게 만들 수 있는 '그냥 원래 그런 거야'라는 말에 대안을 제시한다.

개인 및 직업 능력 개발 코치로서 나는 고객들에게 '보는 것이 행동에 영향을 미치며 그 반대도 마찬가지다'라는 원칙을 강조한다. 우리가 세계를 보는 방식이 이 세계에서 우리가 하는 행동에 영향을 미친다. 성姓과 젠더는 정체성의 근본 구성단위로서 우리의 관점을 형성하고, 이러한 관점을 통해 세상과 교류하는 사이 우리가 생각하고 행동하는 방식, 우리가 세상을 경험하고 세상의 일부인 우리 자신을 경험하는 방식에도 영향을 미친다.

젠더란 무엇인가?
그리고 젠더와 성은 어떤 관계인가?

때때로 성과 젠더는 번갈아 사용되기 때문에 성과 젠더가 같은 의미의 단어라는 인상을 주게 된다. 어떤 사람들은 일상 언어에서 젠더라는 단어를 '성'을 더 공손하게 표현하는 대안인 것처럼 사용한다. 이것은 마치 변소를 화장실, 파우더룸, 세면실 등으로 완곡히 표현하는 것과 같다. 성과 젠더는 서로 밀접한 관계이지만, 동의어는 아니다. 두 단어를 혼용하거나 구분하지 않고 사용하는 경향은 우리의 사고에 영향을 끼치고 두 단어의 근본 차이를 모호하게 만든다. 그렇게 되면 젠더가 자연적이고 필연적인 생물학적 산물이라고 가정하기 쉽지만 사실은 그렇지 않다.

'섹스sex'에는 두 가지 뜻이 있는데, 육체적 행위를 의미하기도 하고 생물학적 상태를 뜻하기도 한다. 성행위, 혹은 성교는 다른 한 사람 혹은 여러 사람과 육체적으로 관계를 하거나 성기를 결합하는 것, 또는 모든 자위행위를 의미하며 여기에는 무생물과의 관계도 포함된다. 존재의 상태, 즉 정체성의 일부로서 성sex은 대체로 출생 시 성기의 외관에 근거해 정해진다. 대개는 남자 또는 여자라는 양자택일의 이분법적 분류에 따라 성별이 결정되어 출생증명서에 기록된다. 이를 기반으로 평생 우리에 대한 일련의 기대들이 생겨난다. 이것이 젠더이다.

'젠더'는 생물학적 성을 사회문화적 그리고 심리학적으로 해석한 것이다. 즉, 우리가 일상생활에서 생물학적 특징에 의미를 부여하는 방식을 말한다. '남자'와 '여자'는 생물학적 구별이며, '남성적'과 '여성적'은 젠더에 따른 구별이다. 강경한 시각에서 보면 남성성은 남자다움에서 기인하며 여성성은 여자다움에서 기인한다. 그러나 이 책에서는 이러한 포괄적 가정을 넘어 모호한 영역을 탐구하는 것이 목적이며 성과 젠더가 서로 '분리'될 수 있는지 등을 살펴볼 것이다. 이 논의를 시작하기에 앞서 성은 명사(우리가 무엇인지), 젠더는 동사(우리가 무엇을 하는지)로 생각하는 것이 도움이 될 것이다.

이 책은 무슨 이야기를 할까?

『젠더: 심리학으로 말하다』에서는 다양한 학문에서 제시하는 여러 이론과 증거를 바탕으로 젠더가 개인과 집단 심리에 미치는 영향을 비롯하여 전반적인 여러 관계와 사회에 미치는 영향에 대해서도 살펴볼 것이다. 이 얇은 책에서 포괄적으로 연구를 논의하기는 어렵겠지만, 핵심 주제와 사안을 중점적으로 살펴보며 앞으로의 비판적 읽기를 위한 발판을 제공할 것이다. 젠더라는 개념은 생물학, 사회학, 생리학, 사회 지리학, 퀴어 이론, LGBTQI+ 저작물, 페미니스트 저작물, 인지 신경과학, 문화 연구 등에서 찾아볼 수 있으며, 이러한 모든 분야에서 우리의 심리에 대한 정보를 제공하는 동시에 우리의 심리에 영향을 미친다. 또한, 이 책에서는 동성애 혐오homophobia를 젠더 역할 위반의 측면에서 설명한 나의 연구도 참고해 동성애 혐오와 성차별주의의 연관성을 살펴보았다. 증거를 비판적으로 살피다 보면 새로운 젠더 심리학을 만나게 될 것이다. 규범적이기보다는 서술적 방식으로 설명된 새로운 젠더 심리학에서는, 미래의 젠더 모델과 다양한 문화적, 역사적 관점의 젠더 모델에서 유사점을 찾아내고 인간 경험의 심리적 복잡성을 다룰 것이다.

- 2장에서는 좀 더 심도 있게 성과 젠더의 차이를 살펴보고, 젠더 역할, 젠더 역할과 우리 신체의 관계에 대해 논의할 것이다. 그리고 생물학적 성이나 사회적 젠더 모두 이분법적일 필요가 없다는 점도 논의할 것이다. 또한, 젠더 정체성과 성관계 혹은 성교의 연관성에 대해서도 살펴볼 것이다.
- 생물학적 성 차이와 '젠더화된 뇌'에 대한 연구는 어떤 결과를 보여주고, 이러한 것들이 젠더 역할에 대한 고정관

념과는 어떤 연관이 있을까? 이러한 연구 결과는 대중 심리학 진영에서 어떻게 해석되고 다루어지고 있을까? 3장에서는 사람들이 생각하는 젠더 차이를 더욱 심층적으로 살펴볼 것이다.

- 젠더의 역할을 정형화하는 것이 세상을 체계화하는 좋은 방법일까? 젠더를 '동등하지만 다르게' 바라보는 관점에서는 힘의 관계와 불평등을 간과하는 경우가 많다. 4장에서는 젠더 역할의 고정관념을 강요할 경우 개인의 심리와 건강, 교우 관계, 인간관계, 그리고 사회에 어떤 영향을 미치는지 살펴본다.
- 5장에서는 대중 심리학 서적에서 제시하는 현대 서양의 이분법적 관점이 아닌, 젠더를 이해할 수 있는 대안적 이야기들을 들어본다. 이 장에서는 동화, 공상과학 소설, 사이버 정체성뿐만 아니라, 젠더에 관한 이야기가 어디서 시작되었는지, 다른 세계의 관점은 어떠한지 알아본다. 이를 통해 우리는 젠더 심리학의 새로운 청사진을 그릴 수 있을 것이다.

젠더 심리학에 관한 여정은 핵심 주제를 종합하고, 이러한 정보가 독자들에게 어떤 영향을 주었는지 생각해 보라는 제안으로 마무리된다. 어떤 점에 공감할 수 있었고, 어떤 점에 두려움을 느꼈는가? 이러한 것들을 자기 자신에 대한 이해와 연관 지어 어떻게 받아들일 것인가? 삶에 중요한 의미를 지니는 젠더를 어떻게 묘사할 것인가? 독자 여러분은 어떤 이야기를 갖고 있는가?

그럼 이제 기본으로 돌아가 성과 젠더 사이의 연관성을 살피는 것으로 시작해보자.

02
성과 젠더

갈림길?

젠더를 둘러싼 논쟁은 예외 없이 젠더 역할의 '선천성'이라는 가정을 중심으로 전개된다. 즉, 젠더 역할은 '타고난' 것이고 생물학의 필연적 결과라는 가정이다. 다시 말하면 남성의 음경은 남성성, 여성의 질은 여성성을 낳는다는 것이다. 이러한 가정은 우리의 몸이 '젠더 차이를 만들어내는 일종의 기계'라고 생각하게 만든다.[1] 이러한 관점은 여러 차례 강조되면서 궁극적으로 확립되었다. 이와 대조적으로 『젠더 트러블Gender Trouble』의 저자 주디스 버틀러Judith Butler는 젠더를 실천하는 것, 우리가 행하는 것이라고 묘사한다. 젠더는 '반복에 의한 신체의 양식화, 매우 엄격히 규제된 틀 안에서 반복적인 일련의 행위가 시간이 지남에 따라 굳어지며 자연적 존재에 대한 물질화가 나타난 것'이다.[2] 이러한 시각에서 젠더는 본질이기보다 행위에 가까운 것이며, '신체는 일종의 캔버스로 문화를 통해 이러한 신체 위에 젠더의 이미지가 그려진다.'[3] 이렇게 되면 모든 심리학 학생들이 언쟁할 수밖에 없는 오래된 '본성 대 양육' 논쟁으로 '귀결'된다.

2장에서는 앞서 설명한 기본 정의를 기반으로 하여 생물학적 성과, 이것이 어느 정도로 많은 것들을 결정짓는지 살펴볼 것이다. 생물학적 성에 관한 일관된 이분법적 설명이 있는 것일까, 아니면 어중간하고 모호한 영역이 존재하는 것일까? 또, 젠더의 정의를 발전시켜 보고, 다양한 관점으로 성과 젠더를 해석할 수 있는 개념을 소개한다. 그리고 인터섹스, 트랜스젠더, 시스젠더에 대해 논의하고, 마지막으로 젠더와 섹슈얼리티(성적 지향sexual orientation)의 관계에 대해 살펴보겠다.

젠더를 바라보는 관점

심리학자 산드라 벰Sandra Bem은 1990년대에 젠더 차이에 관한 숨어 있는 가정들을 파헤치기 위해 젠더를 바라보는 세 가지 관점, 즉 생물학적 본질주의, 남성중심주의, 젠더 양극화를 제시했다.[4] 이 세 가지 관점은 통념, 대중 심리학, 학계에 존재하는 성과 젠더 내러티브를 비판적으로 평가하기 위한 시작점을 제공한다.

'생물학적 본질주의'에서는 생식 기관의 차이가 젠더 차이의 주된 기표라는 점을 강조한다. 생식기가 '젠더를 결정짓는 열쇠'이다. 일반 대중이 생각하기에는, 생식 기관에 의해 고정된 청사진이 만들어지며, 이러한 청사진에 따라 남녀는 세계뿐만 아니라, 자기 자신, 여러 관계에 대한 이해를 형성한다. 젠더 이론가이자 공연가인 케이트 본스타인Kate Bornstein은 대중 심리학의 화성 남자, 금성 여자 방식의 접근법을 '임시방편적 본질주의'라고 묘사했다. (이러한 접근법은 앞에서 말한 전제를 인정할 때만 효과가 있다.)[5] '남성중심주의Androcentrism'[6]의 관점에서는 남성성이 여성성보다 우선시된다. '젠더 양극화'는 남성성과 여성성을 이항 대립으로 간주하며, 한 성이 표현될 때 다른 성을 희생시키는 일종의 제로섬 게임이다. '이성opposite sex'과 '성별 전쟁battle of the sexes'이라는 표현에서 이러한 관점을 확인할 수 있다. 젠더 양극화의 관점에서 젠더의 선을 넘는 행동은 우스개로 여겨지거나 심지어 비정상인 것으로 생각되기도 한다.[7] 산드라 벰은 이러한 관점들이 상호 작용하여 획일적인 세계관이 만들어질 뿐만 아니라 남녀를 불평등하게 구분(성차별)한다고 주장한다. 이러한 관점들은 단순히 세계를 설명하는 방식에 그치는 것이 아니라 사람들의 관점을 왜곡한다. 그렇다면 산드라 벰의 이론을 검증하기 위해, 생물학적 특징에 관한 과학적 '사실들'을 살펴보자. 산드라 벰의 이론대로라면 젠더에 관한 관점들은 생물학적 특징을 제대로 반영하지 않는다.

성별은 보는 사람의 생각에 달린 것

생식 기관

대개 성별은 출생 시 음경의 유무를 육안으로 확인해서 정해진다. 특별히 과학적인 방법은 아니지만 실제로 이렇게 성별이 정해진다. 많은 사람들이 생식기 모양을 상당히 중요하게 생각하지만, 생식기 모양만으로 성별이 결정되는 것은 아니다. 또한, 생물학적 성은 염색체, 호르몬, 생식계의 기능, 배아 초기에 만들어지는 생식 구조인 인체 내부 보조 기관의 성姓에 따라 정해진다.[8] 이러한 요소들은 대체로 일치하지만 언제나 완벽한 상관관계에 있는 것은 아니다. 먼저 생식선(난소/정소)을 포함해서, 생식기의 기능과 외관에 대해 살펴보자. 남자의 생식선은 남자의 생식기와 마찬가지로 체외에 있다(표 2.1 참조).

표 2.1에서처럼 남녀 생식기 구조를 나란히 옆에 두고 비교해보면 여자와 남자의 생식기가 같은 배아 조직에서 형성된다는 것을 알 수 있다. 주요 차이점은 여자의 생식기와 비교해 남자의 생식기는 눈으로 확실하게 볼 수 있다는

표 2.1 여자와 남자 생식기 비교표

여자	남자
난소	정소
대음순	음낭
소음순	음경 피부
음핵 귀두	음경 귀두
음핵체부(발기조직)	음경 해면체(발기조직)
질	대응 구조 없음

점이다. 여자의 생식선인 난소는 여자의 생식기와 마찬가지로 체내에 있다. 이렇게 나란히 배치해 본 남녀 생식기 사이에는 유사한 점이 많지만 한 가지 뚜렷한 예외가 있다. 남자에게는 질에 해당하는 기관이 없으며, 음낭융기가 합쳐진 것을 보여주는 희미한 흔적이 있을 뿐이다. 대체로 '질'을 여성의 생식기로 간주하긴 하지만 사실 질은 출산할 때 태아가 지나는 통로에 지나지 않는다. 따라서 질을 여성 생식기로 보는 시각은 생식을 강조하는 생물학적 본질주의를 보여주는 사례에 해당한다. 정확하게 말하자면, 여성의 생식기관을 총칭하는 용어는 외음부vulva[9]이다. ('외음부 모놀로그'라고 하면 이브 엔슬러의 연극 '버자이너 모놀로그'와 같은 느낌을 주는 것 같지는 않다.) 이제 초점을 성적 만족감으로 옮

겨 보면, 음경과 음핵은 자연스럽게 보완적 기능을 하는 생식기관이다. 1990년대까지만 해도 음핵에 대한 충분한 연구가 이루어지지 않았는데, 음핵은 인체 기관 중에서는 유일하게 성적 쾌감만을 위해 존재하는 기관이다. 선구적인 성교육자이자 페미니스트인 베티 도슨Betty Dodson은 직접 감독한 영화 '비바 라 불바: 여성 생식기를 밝히다Viva la Vulva: Women's Sex Organs Revealed'에서 음핵 대부분이 체내에 숨겨져 있다고 가르친다. 따라서 체내에 있는 음핵을 포함하려면 표 2.1을 대폭 수정할 필요가 있다. 또한 음핵을 항상 '작은 음경'으로 묘사하는 것은 남성중심주의를 보여주는 사례에 해당한다.[10] 2장 후반에서는 음경의 우월함에 대해서 더 살펴보겠다. 그 전에 잠깐 주제를 전환해 모든 사람이 공통으로 가지고 있는 기관에 대해서 생각해보자.

기타 인체 기관

본래 목적이 생식은 아니지만, 여전히 성적 기능을 수행할 수 있는 인체 기관들도 많이 있다. 남자와 여자는 공통으로 시각, 청각, 촉각, 미각, 후각의 오감을 느낄 수 있다. 입 또한 동일한 생물학적 원리와 기능을 지니며, 손도 마찬가지다. 물론 보통 남자의 손이 더 크긴 하다.

의심의 여지 없이 가장 큰 논쟁을 불러일으키는 신체 부위는 항문이며, 항문은 논쟁에서 중립을 지키기 어려운 주제이다. 항문은 더러움의 상징이 되었고,[11] 어떤 사람들은 항문 자극을 '자연스러운 성적 충동'의 의도적 도착倒錯으로 생각한다. 생물학적으로 남자와 여자는 공통으로 항문을 가지고 있다. 항문의 근육과 신경 구조는 항문에 인접한 생식기와 연결된다. 성적 지향과는 관계없이 모든 사람이 항문으로 성적 즐거움을 느낄 수 있다.[12] 하지만 항문에 대한 태도는 젠더에 따라 갈린다. 한 실험에서 참가자들은 인체의 모든 측면에 등급을 매겼는데, 실험 결과 전반적으로 남성보다 여성의 항문이 '성적인', '매력적인', '긍정적인' 평가를 더 많이 받았다. 젠더에 따른 참가자들의 평가 등급을 비교해보면 여성 참가자들의 태도가 더 객관적인, 즉 생물학적 현실에 더 가까운 것을 알 수 있다. 이와는 대조적으로 남성 참가자들은 여성 항문의 성적 기능을 과대평가하고 남성 항문의 성적 기능을 과소평가했다. 다시 말해서 여성 신체의 수용성을 지나치게 중요시하는 반면, 남성 신체의 수용성은 중시하지 않는다는 점을 볼 수 있다. 남성중심의 관점에서 여자의 항문은 질의 대용물이지만, 남성의 항문은 언제나 금지 구역이다. 이와 비슷하게 입과 손을 평가한 등급에서도 젠더 간 태도의 차이가 관찰되었다. 이 실험을 통해 앞서 언급한 세 가지의 젠더 관점 모두를 확인할 수 있었다.[13]

그러면 다시 기본으로 돌아가 우리의 염색체에 대해 살펴보자.

염색체성 성별

기본 토대

유전자는 눈동자의 색깔이나 얼굴 모양처럼 부모에서 자식으로 전해지는 유전 단위이다. 염색체는 이러한 유전 정보를 갖는 유전자가 길게 실처럼 감긴 꾸러미이다. 인간 유전자는 23쌍의 총 46개 염색체에 존재한다. 여자는 모든 염색체가 X 염색체다. 하지만 남자는 마지막 23번 쌍의 염색체 중 하나가 Y 모양이다. (Y염색체라고 부르는 이유는 X 염색체 중 하나의 가지가 소실된 것처럼 보이는 모양 때문이다.) 이러한 염색체 차이가 배아의 유전적 성별을 결정한다. 여자의 경우 23번 쌍의 염색체는 XX이며, 남자는 XY이다. 이 마지막 쌍의 염색체 중에서 첫 번째 X는 어머니의 난소에서 전해진 것이고, 아버지의 정자가 마지막 23번 쌍 두 번째 염색체의 차이를 만든다. 따라서 'X 정자'는 XX(여자), 'Y 정자'는 XY(남자)를 만들어낸다. Y 염색체의 일부 유전자는 X 염색체를 가지고 있지 않기 때문에 남자가 더 유전병에 걸리기 쉽다. 여자의 경우에는 비정형 유전자를 양쪽 부모 모두에게서 물려받아야만 X 염색체 두 개가 모두 영향을 받아 질병에 걸리지만, 남자의 경우에는 영향을 받게 되는 X 염색체가 한 개밖에 없다. 따라서 염색체 측면에서 본다면 '남자'는 더 취약한 성이며,[14] 이는 전통적인 남성중심적 관점과 상충한다.

『제로와 원Zeros and Ones』[15]을 저술한 새디 플랜트Sadie Plant에 따르면, 인간의 두 가지 기본 원형은 일반적으로 이중 여성(XX)과 반 여성/반 남성(XY)이며 '난소'가 기본이고 정자가 변이를 만든다. 이러한 기본 원형은 X, Y 염색체의 과다 발현에 의해 다양한 변이가 나타날 수 있지만, XYY 염색체나 XXX 염색체가 있을 수는 있어도 YY 염색체는 있을 수 없다. 심지어 단일의 X 염색체(X0)도 가능하지만 결코 Y 염색체만 가질 수는 없다. 난소에서 전해지는 X 염색체가 항상 기본 토대가 된다. 따라서 염색체 성은 남자다움이 우월하다는 생각과 어긋나게 된다. 염색체 변이에 대해서는 2장 인터섹스 부분에서 더 논의해보겠다.

염색체와 생식기

일단 수정이 되고 나면 난소는 분열을 시작해 더 많은 세포를 만들어 낸다. 정자가 운반하는 염색체와는 상관없이 배아의 생식기는 7~8주까지는 뚜렷하게 드러나지 않으며, 7~8주가 되더라도 숙달된 전문가만 그 차이를 구별할 수 있다. 약 석 달경에는 호르몬의 활동으로 변화가 더욱 뚜렷해진다. 이때, XY(남자) 배아는 두 가지 주요 호르몬을 생산한다. 호르몬 하나는 남성 생식계통의 발달을 가져오고 다른 호르몬은 여성 생식계통의 발달을 저지해 퇴화하도록 만든다. 이와 대조적으로, XX(여자) 배아는 상대적으로 적은 양의 호르몬을 생산한다. 그렇다고 해도 여성 생식계통은 계속해서 발달한다. 배아가 XY일 경우, 결정적인 순간에 적절한 양의 호르몬이 분비되지 않고 이로 인해 변화를 촉발하지 않는다면, 배아는 자연스럽게 여성 생식계통으로 발달한다. 생물학적 작용에 의해 남자를 만들라는 지시가 없는 한 여자가 만들어지는 것이다. 따라서 학자의 관점에서 말하자면 음경은 음핵이 확대된 것으로 묘사하는 것이 더 정확하다. 석 달 후부터 배아 조직은 일반적으로 표 2.1과 같이 성에 따라 다른 형태로 발달한다.

호르몬이 생식기 발달에 차이를 낳는 요인이므로 이제 호르몬에 대해서 자세히 살펴보자.

호르몬성 성별

호르몬은 신체의 분비샘에서 분비되는 화학적 메신저이다. 호르몬은 혈류를 순환하며 세포와 기관의 작용을 관장한다. 즉, 신체 프로세스의 전원을 켜고 끄는 역할을 한다. 호르몬은 때때로 생물학적 작용의 '나쁜 녀석들'이 된다.

부분적 사실이긴 하지만, 호르몬은 감정 기복, 비이성적 행동, 공격 행동 등 부정적 행동에 영향을 주는 것으로 여겨진다. 우리는 신체에 얼마나 많은 호르몬이 있는지 정확하게 알지 못하며, 그 수는 수백 개에 이를 수도 있다.[16] 하지만 논의는 언제나 우리가 남성 호르몬과 여성 호르몬이라고 부르는 일부 호르몬에만 초점을 맞춘 채 이루어졌다. 미심쩍게도 '호르몬에 의한'이라는 표현은 여성에게만 적용되고 주로 부정적인 방식으로 사용되는 것 같다. 생물학적 성을 비교해보면, 호르몬은 유형보다는 정도에 따라 차이가 나며, 남성과 여성이 분비하는 호르몬의 숫자와 범위는 사실상 동일하다. 신체에서 다른 기능을 담당하고 있긴 하지만 성호르몬이라고 불리는 호르몬의 경우, 여성에서는 에스트로겐과 프로게스테론이 우세하며, 남성에서는 안드로젠, 특히 테스토스테론이 우세하게 나타난다.

생식선과 부신에서 분비되는 테스토스테론은 남성과 여성의 성 욕구 조절을 도울 뿐만 아니라 지방 분포, 근육량, 에너지, 그리고 행복감에도 관여한다. 남성과 여성의 평균 테스토스테론 분비량은 다르지만, 남녀 모두 테스토스테론을 분비한다. 프로게스테론을 여성 호르몬으로만 간주하게 되면 골량bone mass을 증가시키고 유지하는 데 도움을 주는 것과 같은 프로게스테론의 많은 기능이 모호해진다. 또한, 프로게스테론은 테스토스테론과 에스트로겐의 전구물질이다. 프로게스테론은 항우울제이고 혈전에 관여하며 두뇌 활동을 조절하는 데 도움을 주고 수면 유도에 기여한다. 또, 지방을 에너지로 전환하는 과정에 기여하고, 리비도라고 불리는 성적 충동을 '재작동'하는 데 도움을 주는 등 많은 역할을 한다.[17] 성 차이는 호르몬의 절대적 차이가 아니라, 성별 간 차이를 보이는 평균 비율과 관련된다. 호르몬의 양상과 비율은 성별에 의해서만 차이를 보이는 것이 아니라 같은 성별 내에서도 차이를 보인다. 게다가 두 쌍의 호르몬이 개별적으로 작용한다기보다는, 호르몬 사이에서 광범위한 상호작용(협력)이 이루어진다.

종합하면, 일반적인 발달과정의 경우, 생물학적 측면에서 100% 여성 '올 우먼'이나 100% 남성 '올 맨'인 경우는 없다.[18] 이분법적 주제로 변이를 인정하지 않는다면 성 발달의 그림은 완전할 수 없다.

인터섹스: 생식 발달 변이 그리고 성 발달 변이

인터섹스(간성) 상태를 설명할 때, 성별을 결정하는 모든 부분적 정의는 서로 연관되지 않는다. 생식기/성기, 염색체 양상, 호르몬 활동의 측면에서 정해지는 성별에 대한 설명은 생물학적 남성이나 생물학적 여성에 관한 표준 정의와는 맞지 않는다. 연구자들은 1955년부터 1998년까지 발표된 국제 의학 보고서를 검토 후 신생아 중 무려 2%가 인터섹스라고 판단했다. 하지만 생식기 '교정' 수술을 받는 사람의 빈도는 1,000명 중 1명에서 2명(0.1~0.2%)이다.[19]

영국인터섹스협회UK Intersex Association, UKIA는 포괄적인 용어로 '인터섹스'를 사용할 것을 권장하지만 인터섹스인 사람들 중에 이 용어의 사용을 불편하게 느끼는 사람이 있다는 점을 인정한다. 하지만 2005년 미국에서 개최된 인터섹스에 관한 국제 컨센서스 콘퍼런스the International Consensus Conference on Intersex에서 제안한 대안적 용어에 대해서는 더 강력한 반대가 일고 있다. 의견 일치라는 뜻의 '컨센서스 consensus'라는 행사 제목에도 불구하고 이 콘퍼런스에서는 거의 의학적인 측면만을 강조했다. 그리고 인터섹스를 나타내는 보다 적절한 용어를 고안하겠다는 의도로 '성 발달 장애Disorders of Sex Development, DSD'라는 용어를 만들어냈다. 게이와 트랜스젠더를 묘사할 때 '장애'라는 용어 사용을 자제하고 있고 이들을 향한 태도가 변하고 있다는 점을 고려하면, '성 발달 장애'라는 용어는 시대를 역행하는 행보로 보인다. UKIA는 인터섹스 상태인 사람들의 의견을 거의 묻지 못했다고 주장한다. '장애'라는 용어 사용은 '인간 발달의 자연적 변이'를 비난하는 것이다. 결과적으로 UKIA가 만든 이 용어는 정체성이 있고 역사가 있는 사람들의 삶을 관리해야 하는 '장애'로 격하시킨다. UKIA는 의학계에서 사용할 수 있도록 덜 비난적인 두 가지 대안, '성 발달 변이variations in sex development' 그리고 '생식 발달 변이variations in reproductive development'를 제시했다.[20]

다음에서 수치를 제시하는 이유는 인터섹스 상태가 생각처럼 그렇게 희귀한 것이 아니라는 점을 보여주기 위해서다. 하지만 이런 수치 이면에 개인사가 있다는 사실을 명심해야 한다. 이들의 이야기는 우리가 섹스와 젠더에 대한 심리를 더 잘 이해할 수 있게 해 줄 것이다. 그러나 지금으로써는 이러한 지식이 현저하게 부족한 상황이다.

염색체에 의한 변이

'클라인펠터 증후군Klinefelter syndrome'은 XX-XY 주제와 관련해서 가장 흔하게 나타나는 변이이며, 신생아 약 1,000명당 1명꼴로 이 증후군이 발생한다. 예를 들어 XXY처럼 남성이 X 염색체를 2개 이상 가지고 있는 경우이다. 이 증후군은 부모에게서 유전되어 발생하는 것이 아니라 변칙적으로 발생한다. 많은 사례에서 클라인펠터 증후군의 가시적인 증상을 발견하기 힘들 수 있다. 주된 특징은 불임이며 때때로 생식기 발달이 저해되기도 한다. '터너 증후군Turner syndrome' 역시 유전되어 발생하는 것이 아니다. 터너 증후군은 여자아이 3,000명당 1명이 X 염색체 한 개만 가지고 태어나는데(X0), 이때 X 염색체는 정상적으로 기능한다. 터너 증후군의 증상은 여성마다 다르게 나타난다. 월경을 하지 않을 수 있지만 이런 경우 호르몬 요법으로 치료될 수 있으며, 불임 문제는 시험관 시술을 통해 해결될 수 있다.

호르몬에 의한 변이

'안드로젠 불감성 증후군Androgen Insensitivity Syndrome'은 남성 염색체(XY)가 발달하면서 안드로젠에 저항성을 보일 때 발생한다. 이 증상을 가진 사람은 일부 또는 완전한 여성의 특징을 갖는다. 정도에 따라 완전 안드로젠 불감성 또는 불완전 안드로젠 불감성으로 나눌 수 있는 이 증후군은 X 염색체에 존재하는 유전자의 영향으로 발현된다. 완선 안드로젠 불감성 증후군은 음경을 비롯한 남자의 신체 부위가 발달되지 못하게 되므로 출생 시에 아기는 여성인 것처럼 보인다. 유방의 발달 등 제2차 성징이 사춘기에 나타나지만, 자궁이 없기 때문에 월경을 하지 않는다. 완전 안드로젠 불감성 증후군은 13,000명당 1명꼴로 나타나며, 대체로 사춘기 전까지는 발병 여부를 알아차리지 못한다. 반면 불완전 안드로젠 불감성 증후군은 130,000명당 1명꼴로 나타나며 태어났을 때 알 수 있을 가능성이 크다.

'선천성부신과형성Congenital Adrenal Hyperplasia'은 가장 흔하게 발현되는 질환이다. 선천성부신과형성은 출생 시에 나타나는 유전적 질환으로, 신장 위에 있는 부신의 크기가

정상보다 더 크면 발생한다. 선천성부신과형성이 있으면 부신을 자극해 코르티솔 호르몬을 분비하는 효소가 결핍된다. 다시 말해 신체는 감정적 스트레스와 육체적 스트레스에 잘 대처하지 못한다. 증세가 심각한 경우 남성은 출생 직후 증상을 보이고 심장 박동 이상이 나타난다. 여성의 경우, 증세가 심각하면 생식기가 모호하게 생겼거나 남자의 생식기와 비슷하게 보여 아기의 성별을 확실하게 판별하는 것이 어려워진다. 남자와 여자 모두 사춘기가 빨리 시작되고 보통 사람들보다 깊은 목소리를 가지는 경향이 있다. 여성은 월경이 불규칙하거나 월경을 하지 않는다. 남자는 보통 사람들보다 음경의 크기가 크고 고환의 크기가 작다. 전형적 선천성부신과형성은 신생아 13,000명 중 1명꼴로 발생한다.

증세가 약한 형태인 '지발성 선천성부신과형성(비전형적 선천성부신과형성)'은 유년기 말기에서 청소년기에 증상이 나타난다. 일부 민족집단에서는 66명당 1명에 달하는 발병 빈도를 보인다. 여아의 경우 생식기의 모양이 애매하게 나타나지는 않으며 전형적 선천성부신과형성으로 이어지지 않는다. 일부 경우에서는 뚜렷한 증상이 나타나지 않다가 친척 중 한 명이 비정상적 체모, 월경 불규칙, 심한 여드름 등 선천성부신과형성과 관련된 증상으로 치료를 하는 과정에서 그제야 자신의 증상을 확인하게 되는 사례도 있다. 많은 사례에서 지발성 선천성부신과형성으로 야기되는 문제는 저용량 스테로이드를 사용해 치료할 수 있으며 스테로이드를 평생 복용할 필요는 없다.[21]

생식선에 의한 변이

신생아 83,000명 중 약 1명꼴로 '난소 고환'이라는 생식선을 가지고 태어난다. 명칭에서 알 수 있듯이 이 질환은 난소 조직과 정소 조직을 동시에 가진 것을 말한다. 즉, 하나의 난소나 정소 또는 두 개의 난소나 정소에 이러한 난소 고환 조직을 가질 수 있다. 이전에는 이 질환이 진성반음양 true hermaphroditism이라고 알려졌지만, 외음부가 어떤 모양일지를 반드시 알 수 있는 것은 아니다. 외음부가 일반적인 여자 생식기나 남자 생식기 둘 중에 하나의 모양을 할 수도 있고, 남자와 여자의 생식기 중간쯤에 해당하는 모양일 수도 있다. 이러한 난소 고환 내의 고환 조직은 암 발생 위험을 증가시키기 때문에 고환 조직을 제거하는 경우가 흔하고 그렇지 않은 경우 면밀하게 관찰해야 한다.

2장에서 모든 인터섹스의 증상을 완벽하게 살펴보지는 않는다. 하지만 생물학적 성이 절대적으로 두 가지밖에 없다는 믿음은 근거가 약하다는 사실을 보여준다. 스펙트럼의 양쪽 끝에 두 개의 집단이 무리를 이루고 있기는 하지만, 그 중간에는 생식선, 생식기 모양과 크기, 염색체, 그리고 호르몬 생리 작용으로 구성된 다양한 변이가 존재한다. 남성과 여성은 50 대 50으로 분리되는 별개의 것이 아니라, 남성과 여성이라는 명칭 사이에 서로 여러 가지 중첩되는 부분이 많이 있다.

물리학에서 '자연은 진공 상태를 싫어한다'는 주장이 있듯이, 자연은 (중간이 비어 있는) 이분법을 받아들이지 않는다.[22] 바로 이 점이 우리가 젠더를 바라보는 기본 토대가 되어야 한다.

젠더의 길

지정 젠더는 자잘한 정보가 아닌 생물학적 '헤드라인'을 살펴보고 정해진다. 즉, 더 분명하게 확인할 수 있는 것이 음경이기 때문에, 음경을 원칙적인 기준으로 삼아 육안으로 신체를 검사해 젠더가 정해진다. 음경이 있다는 것은 '남자'를 의미하고 음경이 없다는 것은 '여자'를 의미한다. 이 과정은 다음과 같이 전개된다.

생물학적 성	→	**지정 젠더**	→	**젠더 역할**	→	**젠더 정체성**	→	**젠더 표현**
음경/질		남자/여자		남성적/여성적		내재화		외재화

생물학적 성은 문화와 관계없이 정해지지만, 지정 젠더는 사회적 해석에 의한 것이며 정교한 체계의 신호를 촉발해 평생 지속되는 기대의 사슬을 만들어낸다. 남성성이나 여성성이라는 개념에 뿌리를 둔 이러한 사슬은 소년이나 소녀, 남자나 여자가 어떤 의미인지를 우리에게 강요한다. 때때로 '성 역할sex role'이라고 불리기도 하는 '젠더 역할gender role'은 뚜렷한 행동 양상을 묘사하고 규정한다. 그리

고 우리가 다른 사람들과 서로 관계를 맺는 방식, 적응하는 방식, 옷 입는 방식, 버릇, 목소리, 성 접촉, 장래 파트너, 경제적 번영, 그리고 심지어는 성격에 관한 틀까지도 제공한다. 젠더 역할은 언제나 문화에 따라 달라질 수 있다. 그리고 같은 문화 내에서도 시간이 흐르면서 젠더 역할이 변할 수 있다.

'젠더 역할 정체성gender-role identity' 또는 '젠더 정체성gender identity'은 젠더 역할에 대한 기대, 여자나 남자로 인정되는 것이 어떤 의미인지를 내재화했다는 의미이다. 남자와 여자가 서로 다르고 상반되는 방식으로 행동하도록 기대된다는 점을 이해하고 받아들이는 것이다. 아이들은 2살 반이나 3살 즈음, 빠르게는 18개월 즈음에 자신의 젠더 정체성을 인식하게 된다. 하지만 아이들은 자신의 젠더를 절충하거나 변경할 수 있다는 생각을 여전히 품고 있을 수도 있다.

하나의 젠더 아니면 그 '반대'의 젠더라는 생각이 지속적으로 계속해서 유지되는 것을 '젠더 항상성gender constancy'이라고 한다.[23] 궁극적으로 소녀는 여자가 되고 소년은 남자가 된다는 생각을 이해하고 받아들이는 것이다. 어린이들은 6살에서 7살 무렵이 되어야 젠더가 변하지 않는다는 점을 완전히 이해한다고 여겨졌었다. 하지만 최근 연구에 따르면 젠더 항상성은 이보다 일찍 나타날 수도 있다. 어린이가 생식기의 차이를 인식하게 되면 빠르게는 3살 경에 나타나기도 한다.[24] 젠더 항상성은 안정성stability과 일관성consistency, 이 두 가지 요소로 이루어진다. 젠더 안정성은, 소년이 성장해서 남자가 되고 소녀가 성장해서 여자가 된다는 점을 어린이가 인식하는 것을 말한다. 젠더 일관성은 '크로스 젠더' 행동과 같은 개인의 활동이나 외모 변화와 상관없이 젠더가 동일하게 유지된다는 점을 알게 되는 것을 말한다.

'젠더 표현gender expression'은 외적 표현, 즉 외재화를 말한다. 개인이 주로 행동, 옷, 머리 모양, 목소리, 또는 신체 특성을 통해 자신의 젠더 정체성을 타인에게 보여주고 표현하는 방식이다. 지정 젠더, 내재화된 젠더, 젠더 표현이 반드시 일치하지는 않는다.

이 주제 도입부에서 제시한 성/젠더 발달 사슬에 '젠더 귀속gender attribution'은 포함하지 않았다. 젠더 귀속은 타인이 우리에게 부여하는 젠더로 우리가 보여주는 모습을 타인이 어떻게 인식하는지에 따라 결정된다. 이러한 젠더 귀속은 항상 부분적인 정보를 바탕으로 한다.

젠더 정체성 확립 방법

전통적으로 우리가 어떻게 젠더 정체성을 확립하는가는 주로 세 가지 심리학적 이론, 즉 정신역동이론, 사회학습이론, 인지발달이론으로 설명할 수 있다. 이 세 가지 이론에서는 모두 아동기, 즉 7세까지의 아동에 중점을 둔다.[25]

정신역동이론

'정신역동이론Psychodynamic theory'은 지그문트 프로이트의 정신분석이론의 뒤를 이어 무의식적 욕구, 어린아이의 관계, 어린 시절 부모나 주된 양육자와의 경험에 중점을 둔다. 이 이론에서 젠더는 성격의 핵심적인 부분이며, 아이의 성격 형성은 자신의 신체에 대한 인식, 동성 부모에 대한 동일시에 기초해 이루어진다. 남자아이는 '오이디푸스 콤플렉스'를, 그리고 여자아이는 '엘렉트라 콤플렉스'를 해결하는 것이 젠더 발달에서 중요하다.[26] 두 가지 콤플렉스 모두 이성 부모에 대한 근친상간 욕구와 동성 부모에 대한 경쟁심을 해소하는 것과 관련이 있다. 여자아이는 자신에게 음경이 없는 것이 동성 부모의 책임이라고 생각한다. 남자아이는 동성 부모에 의해 거세될까 봐 두려워한다. 이러한 적대감은 어떤 식으로든 해결되고 어린이는 동성 부모에 동조하게 된다. 남성에게 거세에 대한 공포는 더 추상적인 개념이다. 즉, 남자는 불확실성을 해결하기 위해서 더 열심히 일해야 한다는 뜻이다. 여성에게 음경의 상실은 이미 명백한 사실이다. 이러한 관점에서 여자의 역할보다는 남자의 역할이 더 중요하다. 여기에 젠더를 바라보는 세 가지 관점이 적용된다는 점을 쉽게 알 수 있다.

사회학습이론

젠더 정체성의 선천적, 무의식적, 생물학적 근거와는 달리 '사회학습이론Social learning theory'[27]은 어린이의 환경과 학습 경험을 강조한다. 사회학습이론에 따르면 젠더 역할은 타인의 행동을 관찰하고 동성 보호자를 모방하는 모델링을 통해 학습된다. 일반적으로 어린아이는 남자아이와 여자아이의 행동 차이를 인식하고, 적절하거나 부적절한 행동에 대해 주어지는 보상과 처벌의 형태로 타인이 자신을 대한다는 것을 알게 된다. 또한, 어린이는 이러한 대우에서 개인차를 경험하는데, 이러한 차이는 신체적 접촉, 옷, 장난감의 선택, 말하는 방식을 통해 출생과 동시에 시작된다. 젠더와 연관된 행동은 어린이가 1살이 되었을 때부터 관찰된다. 조건 형성에 의해, 정기적이고 일관되게 보상받은 행동은 지속될 가능성이 크며, 반면 처벌을 받은 행동은 사라질 가능성이 크다.

사회학습이론은 모델링과 강화가 어떻게 상호 작용하는지를 설명해 준다. 하지만 이 이론은 개인적 발달 차이와, 일관성 없는 행동 강화 같은 타인의 반응을 고려하지 않는 경향이 있다. 사회학습이론이 인지 요인을 고려하기는 하지만 어린아이의 행동 의지와 이들이 세상을 적극적으로 이해하는 방식을 과소평가하기도 한다. 또한, 어린아이가 젠더에 관한 상충되는 메시지를 어떻게 해결하는지에 대해서도 분명하게 설명하지 못한다.

인지발달이론

'인지발달이론Cognitive-developmental theory'[28]에 따르면, 어린아이는 세상을 경험하고 성장하는 동안 일련의 발달 단계를 거치고 정신 과정을 재조직한다. 어린아이의 발달은 언어 발달을 포함해 간단한 것에서 복잡한 것으로, 구체적인 것에서 추상적인 것으로 이동하면서 다양한 이정표를 거쳐 진행된다. 어린아이는 젠더 역할을 확립하는 데 있어 적극적인 행위자이며 발달 단계에서 점차 정교하게 개념과 언어를 이해하게 된다. 어린이들이 성장하면서 환경에 대한 자신들의 지식과 경험이 불일치하게 되면 그에 따라 생각이 바뀌게 된다. 젠더 항상성, 안정성, 일관성은 어린이가 적정 수준의 인지 성숙도에 도달했을 때에만 확립될 수 있다.[29] 이러한 관점에 따르면 젠더 정체성은 여러 단계에서 존재하며 언어발달과 긴밀히 연결되어 발달하는 것일 수 있다. 관련 자료에서 두드러지게 등장하는 주제는 여자아이보다 남자아이들이 자신의 젠더 가치를 더 높게 평가한다는 것이다.[30] 이러한 주장은 남자아이들이 더 노력해야 한다는 정신역동적 관점을 어느 정도 뒷받침하는 것이다.

전반적으로, 젠더의 심리학은 모호한 영역, 즉 정체성과 표현의 관계, 생물학적 성, 자신과 사회 사이의 격차를 이해하는 방식과 관련하여 모습을 드러낸다. 많은 사람들에게 이러한 격차는 크지 않거나, 인식 못할 정도로 작을 수도 있다. 어떤 사람들은 이러한 불일치의 격차를 줄일 방법을 찾아낼 것이다. 그러나 어떤 사람들에게는 이러한 격차가 극복 불가능한 것일 수도 있다.

트랜스젠더, 입소젠더, 에이젠더, 젠더퀴어 vs 시스젠더

대중적 액티비즘에서 출발한 것이든 학계 이론에서 출발한 것이든, 점점 늘어나는 젠더 정체성 관련 용어들은 우리를 어리둥절하게 만든다. 2014년 소셜 네트워크 대기업인 페이스북은 LGBT 옹호 단체와 협의를 거친 후 젠더 담론을 확대하며 미국 사용자들이 선택할 수 있는 젠더 항목을 50개로, 이후 영국 사용자들이 선택할 수 있는 젠더 항목을 21개로 늘렸다. 새로운 선택 항목에는 여성, 남성을 비롯하여, 여성, 남성, 사람 앞에 붙일 수 있는 '트랜스', '트랜스젠더', '트랜스섹슈얼' 등 다양한 접두어들이 포함되었다. 트랜스가 아닌 경우에는 '시스젠더' 또는 '시스'라는 단어가 사용됐다. '젠더플루이드', '젠더논컨포밍', '젠더배리언트', '젠더뉴트럴', '젠더퀴어'와 같이 '젠더'를 포함하는 다양한 용어들도 있었다. 또, '인터섹스'와 '투스피릿'뿐만 아니라 '논바이너리', '폴리젠더', 그리고 '에이젠더'도 있었다. 2015년 페이스북은 자사 시스템을 영어 사용자들이 자유롭게 작성할 수 있도록 확대해 젠더를 표현하는 범위에 제한이 없어졌다.[31] 하지만 이러한 시스템이 최초로 적용된 지 3년이 지난 후, 사용자가 관심 있는 사람을 체크하는 칸에는 두 가지 항목, 즉 여자 또는 남자 밖에 표시되어 있지 않다.

이제, 젠더 개론에서 익숙하거나 그렇지 않은 용어를 정확하게 알아보자.

트랜스젠더와 트랜스섹슈얼

'트랜스젠더'는 가장 잘 알려진 용어로서 젠더 정체성 또는 젠더 표현이 생물학적 성이나 지정된 젠더에서 전형적으로 연상되는 것과 다른 사람들을 묘사하는 말이다. 이 용어를 올바르게 사용하려면 명사가 아니라 형용사 형태로 사용해야 한다. 즉, '트랜스젠더인 사람들'이지 '트랜스젠더들'이라고 해선 안 된다.[32] 약어로 '트랜스'라고도 흔히 사용되며, 트랜스젠더, 트랜스섹슈얼, 그리고 이전에는 복장도착자라고 묘사되었던 크로스 드레서를 포함하지만, 이에 국한되지 않는 포괄적 용어이다. 뒤에 별표를 붙여 '트랜스*'라고 사용되기도 하는데, 이 별표가 열띤 논쟁을 불러일으켰다.[33] 일부에서는 젠더퀴어를 포함해 다른 논바이너리 젠더, 젠더퀘스처닝 및 젠더논컨포밍의 정체성을 모두 아우르는 포용성을 나타내기 위해 별표를 사용한다고 생각한다. 하지만 최근 몇 년간 LGBT가 LGBTQQIAPP+로 확장되고 '포용적 의미의 별표'가 중복적 의미를 지니게 되면서 이러한 별표는 불필요한 것이 되었다.[34] 모두 만족할 만한 그림을 만들어 내기 위해 얼마나 많은 항목이 나열되어야 하는지에 대해서는 보편적인 동의가 이루어지지 않았다. 젠더와 섹슈얼리티의 정치가 가시적인 전문 용어 싸움처럼 되어버렸다. 모든 정체성과 성 소수자 단체를 포함할 수 있는 포괄적인 용어나, 더 중요하게는, 모두가 동의하는 용어는 아직까지 만들어지지 않았다.

1940년대부터 의학 용어로 사용된 '트랜스섹슈얼'은 주로 더 포용적 용어인 트랜스젠더로 대체되었다. 헤테로섹슈얼, 호모섹슈얼, 바이섹슈얼 같은 용어와 비교했을 때, 트랜스섹슈얼이라는 용어가 성적 지향과 관련된다는 혼란을 일으킬 가능성이 있어 불만을 샀기 때문이다.[35] 그런데도 일부 사람들은 트랜스섹슈얼이라는 용어를 여전히 사용한다. 정확하게 말하자면, 모든 트랜스섹슈얼인 사람들은 트랜스젠더이지만, 모든 트랜스젠더인 사람들이 트랜스섹슈얼은 아니다. 케이트 본스타인은 사람들이 트랜스젠더에 대해 잘 알지 못했을 때는 트랜스젠더를 '이분법적으로 정체화한 트랜스젠더 여성과 남성'으로 인식하는 경우가 흔했다고 지적했다.[36] 사회학자 래윈 코넬Raewyn Connell은 트랜스젠더 관련 이야기에서는 주로 젠더의 유동성을 강조하는 반면, 트랜스섹슈얼 자서전에서는 대체로 젠더의 안정성을 강조하는 것을 발견했다.[37] 하지만 이분법적 젠더에 동의하는 사람이라도 자기 자신을 트랜스젠더로 묘사할 수 있다. 때때로 트랜스젠더인 사람들이 '수술

전'과 '수술 후'로 묘사되는데, 이것 역시 이분법적 사고이다. 본스타인은 출생 시에 지정된 성/젠더와 반대되는 젠더 정체성을 가지고 있지만 '생식기나 가슴 수술을 할 생각이 전혀 없는 사람들'도 인정하기 위해서 트랜스젠더에 수술을 하지 않은 사람들도 포함한다.[38]

의학적 측면에서 '젠더 정체성 장애gender identity disorder'라는 진단은 '젠더 디스포리아gender dysphoria'로 대체되었다. 장애가 있는 개인이라는 인식에서 탈피하여, 개인의 고통으로 중심점을 옮긴 것이다. '반대되는 젠더로 대우받고 싶거나 자신이 현재 가진 성적 특징을 없애고 싶은 강한 바람, 또는 일반적으로 반대 젠더가 가지는 감정이나 반응을 자신이 가지고 있다는 확고한 신념으로 인한 고통을 어떻게 다룰 것인가'에 초점을 맞춘다.[39] 그러나 '다른 젠더'가 아닌 '반대의 젠더'라는 표현은 이분법적 젠더 체계에서 진단이 내려진다는 점을 시사한다.

시스젠더(또는 논 트랜스)?

1990년대 후반까지만 해도 트랜스젠더transgender에 대응하는 용어가 없었다. 가장 가까운 의미를 가진 용어로는 젠더 노머티브gender-normative가 있었지만 전혀 중립적인 용어가 아니었다. 학계에서는 이에 대응해서 '시스젠더cisgender'라는 용어를 만들었고 이 용어는 페이스북의 젠더 용어 리뷰에서 채택되었다. 트랜스trans의 의미가 '건너서, 넘어서, 꿰뚫어, 저편의, 변형'을 뜻하는 반면 시스cis는 '이쪽 편'을 뜻한다. 따라서 시스젠더는 '모든 것이 일치된 것', 즉 생물학적 성, 지정 젠더, 젠더 정체성, 그리고 젠더 표현이 일치한다고 느끼는 사람을 말한다. 사회 정의 엔터테이너이자 교육자인 샘 킬러맨Sam Killerman은 시스젠더를 "정치적으로 민감한 주제에서 '정상인'을 대체할 수 있는 용어"[40]라고 말했다. '시스젠더리즘cisgenderism'은, 이분법적 성/젠더 체계에서 인간의 가치가 어떻게 평가되는가에 대한 전반적 이념을 설명하기 위해 '성차별주의sexism', '이성애주의heterosexism'라는 용어를 사용할 때 등장하는 용어이다.

물론 시스젠더라는 용어를 비판하는 사람도 있다. 어떤 사람들은 학계 용어였던 시스젠더가 일상용어로 넘어오기 이전에 학계에서 잘 알려진 개념이었는지 의문을 제기한다.[41] 나는 심리학에서 이분법적 분류를 한다고 의심하는 편이며, 이러한 분류가 이분법이 아닌 연속적 개념으로 더 정확하게 표현되어야 한다고 주장한다.[42] 여성과 젠더 연구 저자인 미미 마리누치Mimi Marinucci는 어떤 사람들에게는 시스젠더라는 용어가 오래된 남성성/여성성 이분법만큼이나 자멸적이고 위험하다고 주장한다. 시스젠더라는 용어는 동일 범주의 레즈비언, 게이, 양성애자를 이성애자와 한데 묶어버리는 개념이며, LGB경험과 지정 젠더, 젠더 정체성, 젠더 표현에 대한 사회문화적 기대 사이에 전혀 부조화가 없음을 암시한다.[43] 또한, 시스젠더가 모든 이성애자, 다시 말해 헤테로섹슈얼에게 자동으로 적용되어야 하는지도 의심스럽다. 크리스타 스코트-딕슨Krista Scott-Dixon은 비전문가들에게는 시스젠더보다 '논 트랜스non-trans'라는 용어가 더 정확하며, 그렇게 하는 것이 트랜스인 사람들을 정상화하는 데 도움이 된다고 주장한다.[44] '논 트랜스'는 트랜스에 더 중점을 둔 철학적 관점을 제시하며 '이분법적 대립항'이 아닌 트랜스에 초점을 맞춘다.[45] 트랜스 인터섹스 학자인 캐리 가브리엘 코스텔로Cary Gabriel Costello는 트랜스/시스 이분법은 인터섹스 상태의 사람들의 삶과 경험을 등한시한다고 주장한다. (그들 중 일부는 생식기 수술을 감당해야 했다.) 코스텔로는 이러한 문제를 다루기 위해 인터섹스이면서 출생 시 타인에 의해 지정된 성과 동일한 정체성을 지닌 사람을 가리키는 '입소젠더ipso-gender'라는 용어를 제안했다.[46] (입소ipso는 '같은 장소'라는 의미이다.)

트랜스 학생 교육 자료 웹사이트에서는 시스젠더를 '출생 시 정해진 성만을 자신의 정체성으로 받아들이는 사람'이라고 정의한다. 이러한 정의는 시스젠더가 될 가능성이 있는 사람의 범위를 제한하는 듯하다.[47] 킬러맨은, 개인적인 젠더 선언에서, '평범하고 오래 사용되어 온' 여성이나 남성 대신 시스 여성이나 시스 남성을 선택하는 사람은 모든 선택 가능성을 확인하고 더 확실하게 자신을 시스젠더로 선택했음을 시사한다고 말했다.[48] 단지 눈으로 보는 것만으로 어떤 사람이 자신을 '입소', '트랜스', 또는 '시스'로 정체화하는지 판단하는 것은 불가능하다. 따라서 아무런 가정도 하지 않는 것이 최선이다.

그렇다면 이분법적 관점에 맞설 다른 명칭에는 어떤 것들이 있을까?

젠더퀴어와 그 외 논바이너리 용어

용어와 관련해서는 상황이 빠르게 변하고 있다. 많은 사람들이 기성복 같은 젠더 명칭을 거부하고 개인적으로 공감할 수 있는 명칭을 선호하고 있다. 그렇다면 광범위한 주제는 무엇인가? 샘 킬러맨은 냉소적으로 차등제가 있다고 말한다. 즉, 젠더퀘스처닝과 젠더논컨포밍이 '입문자'를 가리키는 명칭이라면, 그 반대쪽 끝에 더 강경하고 '노골적인' 젠더퀴어가 있다는 것이다.[49] 젠더퀘스처닝은 반드시 이분법적 젠더 모델을 거부하는 것이 아닌 반면 젠더퀴어는 가장 단호하게 거부한다. 논바이너리는 젠더논컨포밍과 마찬가지로 일반적인 총칭으로 사용되어 전통적인 이분법 관점에 저항하는 젠더 입장을 의미한다. 논바이너리와 논컨포밍 모두 어느 정도는 저항하는 것을 통해 정의된다. 이와 대조적으로 젠더퀴어에게는 저항이 기본이기 때문에 이들은 젠더에 대한 새로운 패러다임을 제시한다. 젠더퀴어는 논바이너리 젠더를 지칭하는 포괄적 용어로 사용되지만 '퀴어'의 사용이 일부 사람들에게는 지나치게 모욕적인 것처럼 여겨진다.

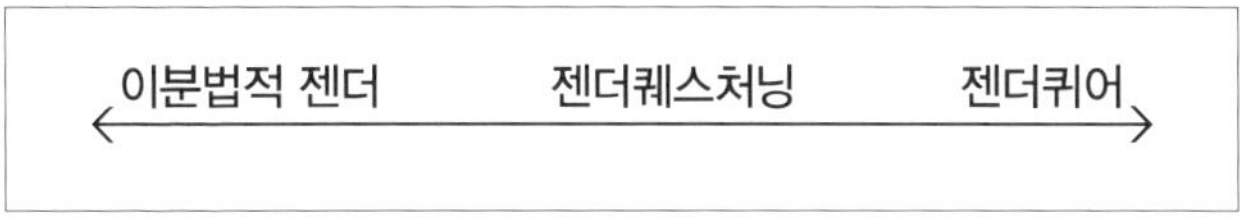

'젠더플루이드'는 유동성을 강조한다. 이들은 시간이 흐르면서, 또 상황에 따라 젠더가 변할 수도 있다는 생각으로 '흐름에 맡긴다'고 자신을 묘사한다. 젠더플루이드는 이분법적 성별 중 한 가지 성을 택하기도 하고, 이분법적 관점에 저항하는 논바이너리를 택하기도 하고, 또는 여러 가지를 조합한 정체성을 택하기도 한다. 이와 비슷하게 '폴리젠더'와 '멀티젠더'도 젠더는 '다양하고 화려한 것'이라고 단언한다.

문자 그대로 '젠더gender가 없음a-'을 뜻하는 '에이젠더agender'는 특정 젠더로 정체화하지 않는 사람이나 삶에서 젠더가 핵심적인 중요성을 가진다고 생각하지 않는 사람을 뜻한다. 그렇다고 해서 이들이 반드시 성에 관심이 없는 것은 아니다. '뉴트로이스'는 포괄적인 '젠더 중립적' 명칭으로 사람들에게 각기 다른 의미가 있을 수 있다. 예를 들면 사람에 따라 '에이젠더', '둘 다/둘 다 아님', '젠더 없음', '기타 등등'의 의미가 될 수 있다. 안드로진androgyne은 남성을 뜻하는 단어 '안드로andro'와 여성을 뜻하는 단어 '진gyne'으로 만들어진 용어이다. 안드로진은 자기 자신이 심리적으로 남성이면서 동시에 여성이라고 생각하는 사람을 가리킨다. 이렇게 피상적이긴 하지만 많은 내용을 살펴보았다. 젠더의 명칭에 대해 의구심이 드는 부분이 있다면 다른 사람들에게 이러한 명칭이 그들에게 어떤 의미인지 물어보라.

젠더 명칭이 무엇이든 진짜 자신과 사회적 순응 사이에는, 그리고 자기 정체성과 외부의 강요 사이에는 격차나 갈등이 존재한다. 섹슈얼리티도 마찬가지이다. 이점을 고려하지 않는다면 젠더 상황에 대한 우리의 관점은 완전하지 못할 것이다.

섹슈얼리티, 섹스, 그리고 성/젠더 역할

수많은 저자들이 섹스 방식을 뜻하는 섹슈얼리티와 젠더 정체성이 관련이 있다고 생각한다. 문화 인류학자 게일 루빈Gayle Rubin은 성을 '매혹적인 영역charmed circle'과 '외측 한계outer limits'로 구분한다. 매혹적인 영역의 섹슈얼리티는

'좋고, 정상적이고, 자연스럽고, 축복받은 것'이며, 외측 한계의 섹슈얼리티는 '나쁘고, 비정상적이고, 부자연스럽고, 저주받은 것'이다.[50] 루빈은, 이성애자인지/동성애자인지, 생식을 위한 섹스인지/쾌락을 위한 섹스인지, 기혼인지/미혼인지, 한 사람과 관계인지/여러 사람과 문란한 관계인지 등 상호 연관된 일련의 이분법에 따라 성이 입증된다고 주장한다. 매혹적인 영역의 섹슈얼리티는 한 명의 남성과 한 명의 여성에서 시작된다. 이분법적 젠더의 토대에서 섹슈얼리티의 기본은 이성애(헤테로섹슈얼리티heterosexuality), 즉 성인인 '이성異性' 사이에서 이루어지는 성적 끌림과 성적 행동이다. '다른'을 의미하는 헤테로hetero는 생식기의 차이와 상호 보완을 암시하며, 가장 기본적인 용어로 말하자면 '질/음경'의 성행위를 암시한다. 이성애는 주디스 버틀러가 묘사한 것처럼 '여성'과 '남성'이라는 별개의 비대칭적 대립 요소들의 산물을 기반으로 한다.[51] 또한, 이성애/동성애의 구분은 젠더의 '일탈'을 의미하며 남성의 경우에 더 큰 일탈을 의미한다. 마이클 워너Michael Warner는 저서 『정상의 문제점The Trouble with Normal』에서 이성애가 단순히 다른 생식기를 가진 성인 간의 성적 행동과 성적 끌림만을 의미하는 것이 아니라고 지적한다. 이성애는 여러 가정의 집합을 지칭하는 명칭이며, 놀라울 정도로 다양한 인간 역량과 경험을 축소해 예측 가능한 합의된 결과로 만드는 것이 목적이다.[52] 이러한 가정 중 하나에 의해 레즈비언 섹스는 이성애의 전희로 전락해 버린다.[53] 케이트 본스타인에 따르면 남성성과 이성애는 '완벽한 젠더'를 정의하는 주요 요소이다.[54]

앞서 언급한 신체에 대한 태도를 포함한 일련의 실험을 통해 나는 이러한 이론적 통찰력을 뒷받침할 수 있는 근거를 찾아냈다. 실험 결과에 따르면 이성애자 남성이 동성애자 남성보다 더 남성적으로 평가되고, 이성애자 여성이 동성애자 여성보다 더 여성적으로 평가된다. 추가 분석 결과에 따르면, 젠더 비순응성gender nonconformity 측정에서 동성애자 남성과 여성은 이성애자 남성과 여성보다 더 높은 점수를 받았다. 이 차이는 남성 참가자 표본에서 훨씬 더 뚜렷하게 나타났다. 전반적으로 동성애 혐오가 부분적으로는 젠더 역할 비순응성에 대한 태도로 인해 생겨난 것이며 성차별과도 관련 있다는 점을 보여주었다.

1940년대와 1950년대에 알프레드 킨제이Alfred Kinsey와 그의 동료들은 이분법적 관점에 도전하며 연속성을 지닌 섹슈얼리티 모델을 제안했다. 킨제이가 성적 행동에 대해 저술한 두 권의 저서는 학술서임에도 불구하고 주류 베스트셀러가 되었고 당시 대중적 돌풍을 일으켰다. 킨제이는 '이분법적이고 생식기 우선'의 모델이 아닌 0부터 6까지 일곱 개의 점수로 이루어진 2개의 척도를 제시했다. 이 중 하나의 척도는 성적 행동을, 그리고 다른 척도는 성적 끌림을 측정한다.

0 —— 1 —— 2 —— 3 —— 4 —— 5 —— 6

이성애 ← 　　　　양성애　　　　 → 동성애

킨제이 척도에서 0은 동성애적 성적 행위 경험이나 성적 끌림이 전혀 없다는 것을 나타내고 6은 동성일 때만 성적 행동을 하고 성적 끌림을 느끼는 것을 나타낸다. 주목할 만한 점은, 척도에서 1에서 5 사이에 5단계의 양성애가 존재한다는 것이다. 성적 끌림과 성적 행동을 구별함으로써 성 정체성이 절대적 '양자택일'일 필요가 없어졌다. 최근 연구는 성적 행동과 성적 끌림이 관련이 있기는 하지만 완벽한 상호 관계는 아니라는 관점을 뒷받침한다. 한 연구에 따르면 미국, 영국, 프랑스의 3개 국가 표본에서 여성 응답자 중 2.1~3.6%가 동성 섹스 경험이 있다고 답했고, 17.8~18.5%가 동성 간 성적 행동 또는 동성 간 성적 끌림을 경험해봤다고 응답했다. 남성은 4.5~10.7%가 어떤 형태의 동성 간 성적 행동을 한 적이 있고 16.3~20.8%가 동성 간 성적 행동 또는 성적 끌림을 경험해봤다고 응답했다.[55] 분명 성적 끌림은 젠더 표현과 관련이 있지만 성적 행동은 성기의 표현에 불과하다. 우리는 자신의 성기 때문이 아니라 성기에도 불구하고 누군가에게 성적 끌림을 느낄 수 있다. 킨제이의 척도에서는 양성애가 이분법적 관점에서처럼 일시적이거나 혼란스럽거나 탐욕스러운 것으로 간주되거나 경시되지 않으며, 양성애를 더 쉽게 이해할 수 있게 된다.

킨제이의 통찰력이 학계를 벗어나 대중의 상상력을 자극하는 큰 도약을 이뤘지만, 오늘날에도 킨제이의 연속성 모델은 계속해서 학계에서 통용되고 있다. 그러나 일상생활과 대중 심리학에서는 이분법적 모델이 계속해서 우세할 것이다.

맺으며

이 장에서 우리는 성과 젠더의 관계를 살펴보고, 특히 젠더가 성별을 구분하는 명백한 선에 기반을 두어 결정된다는 개념을 살펴보았다. 또한 생물학적 성에 대해 살펴보고 생물학적 성이 현실 상황을 정확하게 그리지 못한다는 것을 알게 되었다. 염색체, 호르몬, 그리고 생식기와 관련해서 자연은 절대적인 것을 받아들이지 않는다는 논의도 했다. 또한 여성과 남성이라는 이분법적 개념 사이에 다양한 변이와 중첩이 나타나는 여러 영역이 있으며 이 둘이 분리된 범주가 아니라는 점도 살펴보았다. 우리는 고정불변의 구성체가 아닌 '불분명한 근사치'와 모호함의 영역을 가지고 있다. 젠더는 명확하지 않은 발판을 토대로 하므로 다양한 변이와 해석이 가능하다. 자기 정체성을 나타내는 명칭이 폭발적으로 늘어나고 있다는 점은 젠더가 사회적 정체성에 대한 개념에서, 사회적이면서 동시에 개인적인 정체성에 대한 개념으로 변화하고 있다는 점을 보여준다.

3장에서는 우리가 성, 젠더, 삶 전체를 이해하는 기제를 심층적으로 살펴볼 것이다. 구체적으로 우리가 이분법적 구분에 끌리는 심리적 이유를 알아볼 것이다. 젠더에 대한 고정관념 발달과 긴밀하게 관련이 있는, 발달의 네 번째 모델인 스키마 이론을 살펴보겠다. 또, 3장에서는 젠더 고정관념과 관련된 숨겨진 가정들을 다루고, 여러 연구 결과를 통해 신체적 그리고 심리적인 성과 젠더의 차이를 검토함으로써 그러한 가정의 타당성을 시험해 볼 것이다.

03
젠더 고정관념과 성 차이

'생물학적 필연성'이라는 전제는 젠더 양상에 정통성, 자연스러움, 또는 '사실성' 같은 느낌을 부여한다. 심지어 우리는 어떤 사람을 보며 '완벽한 남성', 또는 '완벽한 여성'은 저래야 한다고 생각할지 모른다. 이러한 이상화된 초상을 '젠더 역할 고정관념'이라고 한다. 이러한 고정관념이 실제 젠더를 그냥 보여주는 것 같지만 오히려 고정관념에 의해 젠더에 대한 규범이 제시되는 경우가 흔하다. 이런 이상적 모형들은 여러 관계를 다룬 수많은 베스트셀러 서적과 대중 심리학 서적의 토대이다. 3장에서는 젠더 역할 고정관념을 만들고 유지하기 위해 우리가 사용하는 스키마 이론과 태도 같은 몇 가지 심리적 기제에 대해 살펴볼 것이다. 이를 통해 이분법적 분류가 매우 설득력 있는 이유를 설명할 수 있다. 이 장에서는 계속해서 심리학적 젠더 차이에 관한 연구 결과를 짚어보고 우리가 서로 많이 다른 존재인지 아니면 모두가 같은 존재인지 확인해볼 것이다. 마지막으로 이번 장에서는 양성성의 개념을 살펴봄으로써 이 책 후반부에서 이분법적 젠더 접근법의 대안을 논의하기 위한 준비를 할 것이다.

세상 이해하기

서로 중첩되는 두 가지 심리학적 개념인 '스키마'와 '태도'는 우리 자신, 다른 사람, 그리고 세계에 대한 지식을 우리가 어떻게 체계화하는지 이해할 수 있게 도와준다. 인간을 컴퓨터로 생각할 때 스키마와 태도는 소프트웨어의 한 형태라고 할 수 있으며, 우리 뇌의 운영 시스템에서 주요한 과정에 해당한다.

스키마 이론

급변하는 환경에서 깨어 있는 매 순간 우리를 침범하는 모든 자잘한 정보를 새롭게 처리하는 것은 불가능하다. 증가하는 인지적 부하를 감당하기 위해 우리의 뇌와 머리가 거대해져야 할 것이다. 그렇다면 우리의 뇌는 이를 어떻게 대처할까?

우리는 통제할 수 있는 규칙을 만들어 세계의 질서를 유지해야 한다. 그러기 위해 우리의 뇌는 일정한 패턴을 추구하게 되고 다양한 습관과 경험에 바탕을 둔 '어림짐작식' 지름길을 활용한다. 이렇게 되면 많은 상황에서, 특히 익숙한 상황에 직면했을 때 정교하게 분석할 필요 없이 단순하게 자동으로 반응할 수 있다. 스키마(복수형으로는 스키마타 또는 스키마스)는 세계의 어떤 측면을 반영하는 선입견들로 이루어진 정신 구조를 말하며 일종의 '두뇌 앱'이라고 할 수 있다. 어린아이는 사회적 상호 관계, 경험, 그리고 관찰을 바탕으로 적극적으로 일련의 스키마를 구성한다. 이러한 스키마는 기존 지식을 구조화하고 새로운 경험을 형성할 수 있는 틀을 제공한다. 스키마는 우리의 관심에 초점을 맞추고, 인식한 것들을 걸러내고, 기억을 형성하고, 가장 근접한 기본값을 활용해 지식의 비어 있는 부분을 메운다. 스키마는 있음직한 상황을 예측하고 위협을 평가하고 결정을 내리고 행동을 규제할 수 있게 도와준다.[1] 우리는 다양한 범주의 정보, 식당에 외식하러 가기 같은 특정 상황이나 사건, 자동차나 컴퓨터 등의 기계 작동 방법에서부터 우리 자신, 다른 사람, 그리고 젠더 역할을 포함한 사회적 역할에 이르기까지 사실상 거의 모든 것에 대해 스키마를 만들어 낸다.

사회 심리학자 산드라 벰은 아동기에 형성되기 시작한 스키마를 통해 젠더에 대한 정보가 사회 내에서 전달되고 유지된다고 주장한다. '젠더 스키마 이론'은 사회학습이론과 인지발달이론(2장 참조)의 요소를 바탕으로 한다. 젠더 스키마는 남자다움과 여자다움에 대한 문화적 청사진과 우리가 다른 사람과 조화를 이루는 방법, '진정한' 남성과 '진정한' 여성을 인식하는 방법에 대한 청사진을 포함한다. 스키마는 단순히 일상 경험에 영향을 미치는 것에 그치지 않고, 우리의 전 세계관을 형성하고 삶의 선택에 영향을 미친다. 하지만 스키마를 이용한 처리에는 이점이 있지만 대가가 따르며, 스키마를 유지하기 위해서는 상충하는 것들이 평정을 이룰 수 있도록 조절해야 한다. 새로운 정보가 우리의 스키마와 상충하게 되면 불편한 비非평정[2]상태(유동적 상태 또는 불확실성의 상태)가 만들어지고, 우리는 이러한 비평정을 줄이려고 노력한다. 대개는 스키마에 들어맞는 것에 초점을 맞추어 어떤 자극은 과장해서 받아들이고 또 어떤 자극은 무시한다. 이렇게 되면 상충하는 증거가 눈앞에 있더라도 변화에 저항하게 된다. 종종 스키마에 따른 '가장 정확한 추측, 기본값'이 새로운 정보보다 우선하고 그 결과 새로운 정보는 재해석되거나 왜곡된다. 한 연구 결과에 따르면, 젠더 스키마가 많이 발달한 어린이는 전통적인 젠더 고정관념에 따라 행동하는 남자와 여자의 사진을 그렇지 않은 남자와 여자의 사진보다 훨씬 더 잘 기억한다. 사진을 다시 떠올릴 때도 기억은 고정관념에 맞춰 왜곡된다. 예를 들면, 다리미질하는 남자의 사진을 다리미질하는 여자의 사진으로 기억한다.[3]

흔히 아기와 소통하기 전에 아기의 젠더를 알 수 있는 표시가 없으면 아기의 젠더를 물어본다. 단순히 분홍색이나 파란색 표시를 하는 것만으로도 '연약한 작은 소녀'나

'강하고 큰 소년'이라는 스키마를 촉발할 수 있다. 한 심리학 실험에서 성인들이 9개월 아기의 감정적 행동을 평가했다. 잭 인 더 박스(뚜껑을 열면 인형이 튀어나오는 장난감 – 옮긴이 주)를 가지고 노는 아기를 관찰하는 실험이었는데, 성인들은 아기의 젠더를 어떻게 인식하고 있느냐에 따라 아기의 감정을 다르게 보고했다. 이들은 여자아이는 두려워하고 남자아이는 화를 낸다고 답했다. 14개월 아기와 소통하는 어른을 관찰한 다른 연구에서도 비슷한 양상이 발견되었다. 어른들은 아기를 남자아이라고 하면 아기에게 남성적인 장난감을 주고 더 육체적인 행동을 하도록 북돋웠다. 이와 대조적으로 아이를 여자아이라고 하면 어른들은 아기와 대화를 더 많이 하고 더 보살피면서 소통했다.[4] 동일한 아기를 두고 다른 스키마가 적용된 것이다.

이와 연관된 심리학 주제, 태도에 대해서 더 살펴보면 정보 처리에 있어 개인적 차이를 설명하는 데 도움이 될 것이다.

태도의 기능

태도는 문자 그대로 '행동을 취할 준비가 된 상태'를 의미한다. 태도는 달리기를 시작하기 전에 '제자리에, 준비'를 하는 출발대이다. 스키마와 태도에는 교차하는 부분이 있기 때문에, 논의를 위해 태도를 스키마의 운전자라고 생각하면 유용할 것이다. 심리학자 엘리어트 카츠Elliot Katz는 태도에는 네 가지 주요 기능이 있으며 이러한 기능들은 상호 과정의 네 가지 측면에서 가장 잘 살펴볼 수 있다고 주장했다.[5] 젠더 역할의 맥락에서 다음에 제시되는 태도의 각 기능에 대해 생각해보자.

가장 기초적인 수준에서 태도는 '도구 기능'을 한다. 태도는 우리가 좋아하는 것과 싫어하는 것을 평가해 좋은 것/나쁜 것, 긍정적인 것/부정적인 것, 적절한 것/부적절한 것, 남성적인 것/여성적인 것, 유용한 것/유용하지 않은 것 등으로 광범위하게 분류한다. 이러한 방식으로 우리는 혜택을 주는 것에는 끌리고 불리한 것은 멀리한다. 태도는 이렇게 손실을 최소화하고 이익을 최대화할 수 있도록 돕는다. 두 번째로, 태도는 '지식 기능'을 하며, 우리가 세계에 대한 정보와 인식을 조직하고 구조화하도록 도와준다. 크게 모순되는 증거에 직면하면 우리의 태도는 변한다. 따라서 우리의 참조 틀인 스키마 역시 변한다. 세 번째로, 태도는 '가치 표현 기능'을 한다. 즉, 태도는 자아 이미지를 강화하고, 젠더 정체성을 포함해 나는 누구인가에 대한 생각, 그리고 우리가 대변하고자 하는 가치를 강화하는 기능을 한다. 태도의 네 번째 기능은 '자아 방어'이다. 태도는 우리가 자아의식을 유지할 수 있도록 도와주며, 이상적인 젠더상과 부합하지 않는다는 사실처럼 불편한 진실과 인생의 가혹한 현실로부터 우리 자신을 보호해 준다.

스키마와 태도는 고정관념의 형성에 영향을 미친다. 이 점에 대해서는 나중에 좀 더 살펴볼 것이다. 그 전에, 젠더와 섹슈얼리티에 관한 모든 논의에 영향을 미치는 주요 주제인 이분법적 사고에 대해 생각해보자.

이분법적 사고

속담에도 있듯이, '이 세상에는 두 가지 유형의 사람이 있다. 세계가 이분법적 범주로 나누어질 수 있다고 믿는 사람과 그렇지 않은 사람이다.' 이분법적 사고는 사고와 개념을 구조화하는 데 핵심적이다. 이분법적 사고는 우리가 스트레스 상황에서 사용하는 기본 처리 옵션이다. 우리는 사소한 것들을 처리할 시간이 없으므로 위협 여부를 재빨리 판단하고 투쟁할지 도피할지를 결정해야 한다.[6] 문화적 단계에서 우리는 철학적 규범을 사용하며, 이러한 철학적 규범은 지식을 체계화하기 위한 데이터 처리 프로그램의 역할을 한다.[7]

(서양식) 사고의 법칙

젠더와 섹슈얼리티를 분류할 때, 또는 운동 경기에서 팀을 정하는 것처럼 정체성을 결정해야 하는 상황일 때 다음의 세 가지 사유 법칙이 작용한다.

1. **동일성의 법칙**The law of identity A는 A이다.
2. **모순의 법칙**The law of contradiction A이면서 동시에 A가 아닐 수는 없다.

3. **배중의 법칙**The law of excluded middle A이거나, 그렇지 않다면 A가 아니어야 한다.

간단히 말하자면 우리는 명칭을 만들고, 그 명칭의 특징과 행동을 정의하고 불분명하거나 들어맞지 않는 모든 것은 배제한다.[8] 식민주의, 제국주의와 더불어, 이분법적 젠더 모델과 마찬가지로 이 세 가지 사유 법칙은 전 세계의 많은 곳으로 확대되었다.[9] 생물학적 본질주의와 젠더 양극성이라는 젠더 관점은 이 법칙들에 따라 작용한다. 성과 젠더 논의에서 중간을 배제한다는 의미의 배중의 법칙은 대단히 중요하다. LGBTQI+(LGBTIQ+라고 쓸 때도 있다)인 사람들은 이 모호한 중간 영역에 있다. 이러한 법칙과 관점을 살펴봄으로써 '다름'에 대한 부정적 태도를 더 쉽게 이해할 수 있을 것이다. 양성애공포증Biphobia은 '우리의 범주 그 사이의 공간에 대한 공포'라고 설명된다.[10]

불확실성에 대한 무관용과 구조화 동기

제2차 세계대전 후, 파시즘이 어떻게 그렇게 강력해지고 재앙 같은 결과를 낳을 수 있었는가를 이해하기 위해 테오도어 아도르노Theodore Adorno 연구팀은 '권위주의적 퍼스낼리티Authoritarian Personality' 연구를 시작했다. 이 연구에서는 '불확실성에 대한 무관용intolerance of ambiguity, IA'을 포함해 다양한 심리 측정 기준을 만들었다. IA 점수가 높은 사람은 흑백이 분명한 범주에 대해 선호도가 높다는 의미이다. 불확실성에 대한 무관용은 젠더 비순응성과 동성애에 대한 부정적 태도와 관련이 있다. 비슷한 개념인 '구조화 동기personal need for structure, PNS'도 인지 및 행동 단순성에 대한 요구를 측정한다. PNS 점수가 높은 사람은 동성애자 여성과 남성에 대해 부정적 태도를 보인다고 예측할 수 있다. 순수한 인지적 관점에서 보면, 높은 구조화 동기를 지닌 사람에게 LGBTQI+인 사람들은 단순히 '지나치게 복잡한 것'이다.[11]

사회 심리학자 고던 올포트Gordon Allport의 주장에 따르면, 문자 그대로 '미리pre-판단하다judge'라는 의미의 편견prejudice이 부분적으로는 강한 인지 동기가 있음을 보여주는 것이며 이러한 동기로 인해 '이것 아니면 저것'이라는 이분법, 즉 양자택일을 사용한다. 검증된 습관을 고수하는 것, 그리고 가능한 상황에서 익숙하고, 단순하고, 확실한, 따라서 안전한 것을 택하는 것, 이 모두가 이러한 인지 동기를 만족시킨다. 올포트는 편견이 있는 아이는 그렇지 않은 아이에 비해 사람이 두 가지 유형, 즉 '강자 아니면 약자'로 분류된다는 생각을 고수할 가능성이 크다고 주장했다. 성인도 비슷한 경향을 보여준다. 급진적인 편견을 가진 남성은 여성이 단 두 가지 유형, '순수한 여자와 악한 여자'로 분류된다고 생각한다.[12]

지금까지 살펴본 모든 내용이 젠더 역할 고정관념을 논의하는 데 발판이 될 것이다.

고정관념, 대중 심리학, 그리고 젠더

'고정관념'은 지식의 집합으로, 개인의 집단이나 계층이 지닌 성격, 심리적 특징, 행동에 관한 태도, 신념, 과도하게 일반화된 생각이 도식화되어 이러한 지식을 구성한다. 젠더의 경우, 고정관념은 '진정한' 남자와 '진정한' 여자가 된다는 것이 어떤 의미인가에 대한 생각들을 통합한다. 고정관념을 사람에 적용하면, 사회적 세계를 단순화하고 특정 행동을 쉽게 예측할 수 있도록 하는 간략한 그림이 빠르게 제공된다. 일반적으로 고정관념은 부정적 뉘앙스를 지니는데, 고정관념의 주된 문제점은 사람을 대충 분류해 버린다는 점이다. 다시 말해 자신 앞에 있는 사람과 상호작용을 하는 것이 아니라 자신의 고정관념과 상호작용을 하게 만든다.[13] 또한, 고정관념은 사회적 세계에서 '우리 아니면 그들'이라는 부족적 사고방식을 조성한다. 한 연구에 따르면 놀랍게도 우리는 별다른 이유 없이도 집단에 충성심을 보인다. 한 실험에서 어린아이들을 티셔츠 색깔에 따라 빨간 집단과 파란 집단으로 나누었다. 연구자들은 아이들이 집단 소속의 혜택 없이 통제집단에 배정되는 것만으로도, 장난감과 놀이 친구를 선택하는 데 편견을 갖게 된다는 점을 발견했다.[14] 신체적 차이를 바탕으로 나뉜 집단의 경우는 평생 강화가 이루어지므로 집단에 충성할 가능성이 훨씬 더 크다.

대중 심리학 담론에서 우리는 '자신의 여성적인 면과 조우했다'는 남성의 말을 들을 수 있다. 이 말은 감정, 특징, 기술이 남자다움과 여자다움으로 깔끔하게 분리될 수 있음을 암시한다. 남자의 성격에서 주요 특징은 능력이다. 반면 여성의 주요 특징은 보살핌이다.[15] 이러한 경향은 젠더에만 한정되지 않는다. 이는 사회 심리학에서는 '후광 효과halo effect'로 잘 알려진 현상이다. 이러한 경향은 우리의 '성격을 추론하는' 스키마의 일부분이다. 우리는 한 가지 특징을 가지고 전체적인 심리를 '최선으로 추측'한다. 사회 심리학자 솔로몬 애쉬Solomon Asch가 진행한 대표적인 실험에서 참여자들은 두 개의 집단으로 나뉘어 허구의 인물을 묘사하는 특징의 목록을 받는다. 이 목록에서는 한 가지 특징만 차이가 있었는데, 한 집단은 '따뜻한', 그리고 다른 집단은 '차가운'이라는 단어가 포함됐다. 두 번째 목록에서 허구의 인물을 가장 잘 묘사하는 단어를 고르라는 질문에 '따뜻한'이 목록에 있었던 집단은 '관대한, 재미있는, 사교적인, 인기 있는'이라는 단어를 선택했다. 반면 '차가운'이 목록에 있었던 집단은 그 반대의 단어를 선택했다.[16]

대중 심리학 서적들은 젠더 역할 고정관념을 확고하게 고수한다. 대중 심리학 서적이 가진 장점을 젠더 역할 고정관념이 뒷받침하는데, 그러한 고정관념은 익숙한 것이기 때문에 독자들에게 안도감과 웃음을 줄 수 있어 '즐거움'을 선사할 수 있다. 고정관념은 스키마와 마찬가지로 '자기실현적'으로 정보를 걸러낸다. 이는 고정관념이 사실, 반쪽 진실, 상식, 잘못된 믿음, 소문, 선전, 타블로이드 선정주의에서 얻은 '온갖 종류의' 정보를 포함한다는 뜻이다. 고정관념 관련 서적과 대중 심리학 서적은 연구 결과를 자신에게 이로운 방식으로만 인용한다. 연구 결과는 선택적으로 또는 무비판적으로 활용되고, 시대에 뒤떨어진 정보가 활용되기도 한다.[17] 예를 들어, 대중 심리학이 말하는 '좌뇌/우뇌' 구별은 1968년과 1970년대 초의 연구를 바탕으로 한다. 분명히 지난 반세기 동안 신경과학에서 발전이 없었던 것이 아니다. 우선 지나치게 단순화된 '두 개의 두뇌'라는 용어에 오해의 소지가 있다. 우리의 두뇌는 한 개이고, 일부 특수화된 두 개의 반구로 이루어져 있으며 우반구와 좌반구는 광범위하게 상호 교류한다. 자기공명영상MRI을 이용한 최근 연구에서는 엄격하게 편향된 두뇌 유형에 대한 증거를 찾지 못했다.[18] 하지만 이 새로운 연구 결과는 머리기사에 실리지 않았다. 젠더에 관한 연구도 마찬가지이다. 대중 미디어에서 최신 이론과 연구는 고정관념에 부합하고 '쉽게 이해될 수 있는' 것에 밀려 무시된다. 증거를 바탕으로 '성별 전쟁'에 이의를 제기하는 연구는 종종 '정치적 올바름이 도를 지나쳤다'라는 명목으로 조소당하고 일축된다.

학계에서도 고정관념의 유혹에 영향을 받는다. 우리는 2장에서 젠더 관점이 신체에 대한 우리의 시각을 어떻게 왜곡시키는지를 살펴보았다. 『정자와 난자The Egg and the Sperm』에서 저자 에밀리 마틴Emily Martin은 과학이 생식 과정을 설명하기 위해 젠더 역할 고정관념을 바탕으로 '로맨스를 꾸며 냈다'고 주장한다.[19] 종종 이러한 설명에서는 여자의 생물학적 과정이 남자의 생물학적 과정보다 '덜 중요'하다는 인상이 만들어진다. 난자 생산은 때때로 '낭비적인' 것으로 묘사되지만 정자가 과도하게 많이 생산된다는 사실은 종종 간과된다. 남자의 생물학적 과정은 활동적이고 주도적이고 강하고 효율적인 것으로 묘사된다. 이와 대조적으로 난자는 흘러버리거나 버려지거나 수동적으로 휩쓸리는 것처럼 묘사된다. 마틴은 1980년대 중반에 들어서야 생물학자들이 정자에 대한 시각을 바꿨다고 지적한다. 정자는 강압적인 침투자가 아니고 정자의 추진력은 상대적으로 약하며 난자에서 떨어져 있으려는 경향이 강하다. 그런데도 정자의 추진력에 대한 묘사가 다소 약해지기는 했지만, 여전히 정자는 공격적이고 난자에 침투하는 것처럼 묘사된다. 1980년 후반이 되어서야 난자가 더 적극적인 역할을 하는 것이 인정되었으며 정자의 부족한 추진력을 보완하기 위해 난자가 공격적으로 정자를 붙드는 것으로 묘사되었다.[20] 난자와 정자는 동반자로서 둘의 만남은 다리를 놓는 과정이지 전투가 아니다. 그런데도 대중의 생각 속에서는 난자와 정자가 만나 수정되는 과정이 지배와 복종의 모델처럼 그려진다. 젠더 관점을 통해 정자와 난자는 실제로는 존재하지 않는 불평등한 사회적 정체성을 부여받는다.

다음으로 젠더 고정관념을 결정하는 특성과 그 영향에 대해 살펴보겠다.

황금 기준: 진정한 여성과 진정한 남성

'진정한 여성'이나 '진정한 남성'이 된다는 건 어떤 의미일까? 황금시대에 정해진 황금 기준이 있을까? 이번에는 여성성과 남성성을 그리는 두 가지 젠더 청사진에 대해서 살펴보자. 이 두 가지 모두 외부의 기준에 순응하고 개인차는 억제해야 한다고 강조한다.

여성성 숭배

1960년대에 바바라 웰터Barbara Welter는 '여성성 숭배The cult of womanhood'라는 용어를 만들었다.[21] 19세기 중반 중산층 백인 여성의 새로운 역할에 대한 분석을 기반으로 한 이 짤막한 역사적 정보는 오늘날까지도 대중 심리학 서적에 영향을 미치고 있다. 웰터는 '경건함', '순수성', '복종' 그리고 '가정성'을 네 가지 기본 덕목으로 제시했다. 이 덕목을 아우르는 중요한 주제는 여성이 협조적이고 내향적이며 관계를 중심으로 살아야 한다는 것이다. 그리고 이러한 모든 덕목은 여성에게 죄책감을 조장했다.

비종교적인 의미에서 경건함은 여성이 남성보다 의무에 충실하고 고상한 도덕적 기준을 고수해야 한다는 뜻이다. 결과적으로 자식을 버린 여성에게는 그러한 남성보다 더 가혹한 비판이 가해진다. 흔히 말해, 어머니는 다른 사람의 요구를 자신의 요구보다 더 우선시하는 '성인聖人'으로 묘사된다.

성적인 의미에서 순수성이란 문란한 여성은 문란한 남성보다 더 심하게 경멸당한다는 뜻이다. 남성은 혈기 왕성해서, 여성은 '착하지 않아서' 문란하다는 이중 잣대가 생긴다. 또, 여성이 더 큰 압박을 받는데 몸이라는 성스러운 신전의 순수성을 유지해야 한다는 메시지를 특히 여성 잡지로부터 끊임없이 전달받는다.

복종은 남성의 권위를 존경하는 것을 뜻한다. 자기주장이 강한 남성은 '수완가'로 여겨지지만, 주장이 강한 여성은 '남성 혐오자'나 '못된 여자', 아니면 이보다 더 심하게는 남성성을 거세한다는 비난을 받는다. 남성중심의 세계에 적응하려는 여성은 '여성스러운 술책'을 사용하거나 남자의 자존심을 살려주고 비위를 맞춰서 목표를 성취해야 한다. 어떤 단어들은 그 자체로 젠더 스키마를 만들어 낸다. 여성의 질을 의미하는 '버자이너'를 문자 그대로 정의하면 칼을 감싸기 위한 칼집이다. 여성의 성적인 역할이 수동적이고 실용적 기능의 측면에서 남성을 위해 봉사하는 것으로 정의됨을 암시한다. 이와 관련한 다소 심란한 예를 존

그레이John Gray의 『화성 남자 금성 여자의 침실 가꾸기Mars and Venus in the Bedroom』에서 볼 수 있는데, 이 책의 유일한 목적은 남성의 성교를 위한 적절한 환경을 만들어 남자가 '지적 무심함의 건조한 영역에서 순간 이동해 섬세하고 관능적 느낌의 촉촉한 동굴 속으로 들어갈' 수 있도록 하는 것이다.[22] 문화 연구 학자 애니 파츠Annie Potts에 따르면 '남자를 위한 섹스를 거부하는 것은 남자의 존재를 거부하는 것과 마찬가지이다'라는 생각 때문에 여성은 죄책감을 느낀다.[23] 페미니스트이자 학자인 저메인 그리어Germaine Greer는 저서 『여성 내시The Female Eunuch』에서 여성성에 대한 남성의 환상을 충족시키기 위해 여성이 사회에서 순종적 역할을 하도록 강요당한다고 주장했다.[24] 고정관념에 따른 표현을 사용해 간단히 말하자면, '남자는 휘두르고 여자는 따른다.'

가정성과 여성성은 가사의 여신이라는 원형과 불가분의 관계가 있다. 남녀 관계에서 여성은 여전히 가사 대부분을 책임지며 남녀 모두 전일제로 일하는 경우에도 마찬가지이다.[25] 심지어는 이성애 모델을 기반으로 한 동성 관계에서조차 소위 더 여성스러운 사람이 가사를 담당했다.[26]

또한, 여성성 숭배는 개인적 특성에 관한 것이지만, 남성 젠더에 대한 고정관념은 모두 지위에 관한 것이다.

남성성의 기본 원칙

1970년대에 리처드 브래논Richard Brannon은 남성성의 기본 원칙 네 가지를 제시했다. 남성성의 원칙은 여성성의 덕목보다는 변화에 수용적인 편이며, 그 원칙은 다음과 같다.

1. **계집애같이 굴지 마라**No Sissy Stuff 여자와 달라야 한다.
2. **거물**The Big Wheel 다른 사람보다 우월해야 한다.
3. **견고한 참나무**The Sturdy Oak 자립적이고 독립적이어야 한다.
4. **본때를 보여줘라**Give'em Hell 다른 사람보다 더 강해야 한다.

'계집애같이 굴지 마라' 때로는 '여자처럼 굴지 마라'고도 하는 이 주제는 단순히 페미니스트를 반대하는 것에 그치지 않는다. 정확하게는 여성 혐오와 동성애 혐오를 강조하고 여자다움에 반대하는 것이다. 동성애 혐오는 동성 간 성 행동에 대한 편견일 뿐만 아니라 일반적으로 남성성을 감시하는 역할을 하기도 한다. 진정한 남성은 '타자'의 어떤 흔적에서도 자유로워야 한다. 여자 같은Effeminacy이라는 말은 문자 그대로 완전히 나쁜 것이다. 이 단어는 '여자 같은 남자'를 뜻하는 단어 '배들링baedling'에서 유래되었다. 따라서 때때로 '진정한 남자'가 자신의 여성적 면모와 조우할 수는 있겠지만, 자신에게 동성애적 측면이 있다고 떠벌리지는 않을 것이다. 또, 증기 기관차가 있던 시절에 만들어진, 소위 중립적인 단어인 '호모섹슈얼'을 생각해보자. 문자적 의미로 '힘의 상실'을 뜻하는 이 단어는 원래 발기부전impotence의 한 형태를 지칭하는 의학적 진단명이었고, 발기부전 환자는 이성에 대한 두려움을 가졌다. 결과적으로 호모섹슈얼 남성은 진정한 남성의 지배에 저항할 수 없다고 여겨졌다.[27] 1910년대가 되어서야 '호모섹슈얼'이 동성애 관계에서 남성 역할과 여성 역할을 하는 두 명 모두를 지칭하게 되었다.[28] 섹스에서 수동적 역할을 하는 것은 문자 그대로 그리고 비유적으로 지위의 상실이다. 힘과 지위는 남성의 성행위 그리고 사회적 지위를 이상화하는 데 필수적이다.

또, 심리 측정 검사를 개발할 때 내포되는 일부 가정에도 젠더 서열이 반영되었다. 1930년대 태도 관심 분석 조사는 남성성과 여성성을 측정하는 456개의 항목으로 구성되었다. 일반적으로 남성이 선호하는 항목은 M 항목, 여성이 선호하는 항목은 F 항목으로 구분되었다. 총 M 점수에서 F 점수를 뺀 점수가 최종 점수로, 결과가 양수이면 남성성, 음수이면 여성성으로 측정된다. 하지만 1940년대에 최초 발표된 미네소타 다면적 인성 검사Minnesota Multiphasic Personality Inventory, MMPI에서 Mf 척도 개발 방법에는 이상한 점이 있었다. Mf 척도의 타당성을 입증하는 데 남성만 참여했다. 연구자들은 남성성 항목에 대해 이성애자 혹은 최소한 '커밍아웃'하지 않은 군인들의 의견만을 물었다. 하지만 연구자들은 여성성 척도의 타당성을 입증하는 데에는 여성을 표본에 포함하려는 시도조차 하지 않고, 그 대신 커밍아웃한 '동성애자' 남성 13명을 포함했다.[29] MMPI는 오늘날까지도 사용되는 주요 인성 검사이다. (물론 방법론적 개선이 이루어졌기를 바란다.)

남성성에서 '거물'은 지위, 성공, 그리고 존경을 나타낸다. 다른 사람과 경쟁할 때에는 넘버원, '탑 독', 알파메일의 전형이 되는 것이 가장 중요하다. 행위 예술가 로리 앤더슨

Laurie Anderson은 '제로 앤드 원Zero and One'에서 '모두가 넘버원이 되길 원한다. 그리고 누구도 아무것도 아닌 것이 되길 원하지 않는다'라고 했다.[30] 전통적인 성관계의 정상 체위에서는 남성이 위에 위치한다. 게이 섹스 용어로 삽입을 하는 파트너는 '탑top'이라고 하며 삽입이 되는 파트너는 '바텀bottom'이라고 한다. 중국에서는 게이 남성의 역할을 숫자 0과 1로 표시한다. 항문은 0, 음경은 1로 기초적 기호로 신체를 나타낸다. 숫자 '1'은 상위로서, 하위인 숫자 '0'보다 높은 지위에 있다.[31] 하지만 '파워 바텀power bottom'의 등장으로 이러한 구분이 흐릿하게 되었다. '파워 바텀'은 '큰 인내심을 발휘해' 수용적인 역할을 하는 사람이나 수용적 역할을 하지만 성관계에서 더 지배적인 역할을 하는 사람을 말하며, 후자의 경우에는 '지배적인 바텀dominant bottom'이라고도 한다. 이 역시 이성애 관계에서 행해지는 '페깅pegging'이라는 섹스 행위와 비교하면 그 구분이 희미해진다. 페깅은 여성과 남성 간의 섹스 중에 여성이 남성의 항문에 섹스 도구를 삽입하는 역할을 하는 것을 말한다.

생식 목적이 아닌, 즉 쾌락을 위한 섹스 행위에서 역할에 대한 태도를 조사하는 실험이 진행되었다. 실험 참가자들에게 네 가지 시나리오가 제시되었고, 그들에게 다음 제시되는 파트너 중 섹스를 주도할 가능성이 가장 큰 사람이 누구인지 물었다.

1. 음경을 여성의 항문에 삽입하는 남성(일반적인 이성애)
2. 음경 모양의 물체를 남성의 항문에 삽입하는 여성(역 이성애 – 페깅)
3. 음경을 남성의 항문에 삽입하는 남성(게이)
4. 음경 모양의 물체를 여성의 항문에 삽입하는 여성(레즈비언)

일반적인 이성애 커플 시나리오에서 남성 배우가 주도한다는 응답이 가장 많았는데, 이것은 고정관념에 부합하는 것이다. 동성애 커플 시나리오에서는 삽입하는 사람(탑)이 주도한다는 응답이 더 많았는데, 이는 적극적으로 삽입을 하는 사람과 수동적인 수용자 사이의 연관성을 확인해준다. 하지만 역 이성애 시나리오에서 삽입이 되는 남성은 여전히 섹스 행위를 주도하는 것으로 평가되었다. '비적극적인' 진짜 음경을 가진 사람이 '적극적인' 가짜 음경을 가진 사람보다 우선시되는 것이다. 간단히 말해 이러한 관계에서는 남자가 지배적인/파워 바텀이라고 평가된다. 동성애 커플 관계에서 섹스를 주도하는 사람이 누구인지 질문했을 때, 주도자가 누구인가 하는 차이는 덜 뚜렷하게 나타났다. 간단히 말해 이 경우에는 다소 중립적으로 결정되었다. 일반적 이성애와 역 이성애 커플 관계에서 한 쪽이 주도한다고 생각하는 이유로 가장 많이 언급된 것은 이것이 남자의 '수용적 쾌락을 위한 것'이라는 설명이었다. 남자와 여자의 섹스에서 남자가 수용적, 즉 '수동적인' 역할을 하는 것에 대해 두 번째로 가장 많이 언급된 이유는 남자의 '개인적 선택'이라는 것이었다. '파워'는 적극적으로 삽입하는 사람이 맡은 역할과 연관된다. 가정하자면 일부 역 이성애 커플에서 남자는 '수용적 쾌락'을 즐기기 위해 '파워'를 포기하는 '개인적 선택'을 하는 셈이다.[32]

이 네 가지 시나리오에서 공통적인 점은 '진정한 남자다움'이 외부적 기준에 따른 자체 평가라는 것이다. 남자의 역할 대부분은 엄포와 허세에 입각한 것이며, 동성애 혐오라는 뜻의 단어 '호모포비아'를 만든 심리학자 조지 바인베르그George Weinberg는 이를 가리켜 '남자라는 가식'이라고 말했다.[33] 지나친 독립성을 극단적으로 준수하고, 사회적으로 대범하지만, 정서적으로 억눌린 '진정한 남성'은 자신에게 진실하지 않다. 남자아이는 다 큰 남자는 울지 않는다고 일찍이 학습한다. 공격성, 포부, 성공, 강한 정력, 경쟁력 등 남성성과 연관된 많은 특성은, 본질적으로 '진정한' 남성은 다른 사람을 지배해야 한다는 압박이나 기대와 관련이 있다. 여성의 젠더 역할과 비교해 남성의 젠더 역할은 시간의 흐름에 따른 변화가 덜하다.[34] 실존주의 철학자이자 페미니스트 학자인 시몬 드 보부아르Simone de Beauvoir는 저서 『제2의 성The Second Sex』에서 남성은 기준값으로 여겨지지만, 여성은 '다른 것'으로 여겨진다고 주장했다.[35] 이러한 주장이, 이분법적 시스템에서 완벽한 젠더는 남성이라는 케이트 본스타인의 주장에 영향을 미쳤다.[36]

'진정한 가치'를 전형적으로 보여주는 사람이 있다는 발상은 우리 모두가 '기준치에 도달하는 것'은 아니라는 의미가 된다. 이는 젠더가 양자택일의 문제가 아니라 젠더에 스펙트럼이 존재한다는 것을 암시한다.

젠더 고정관념, 성격 군집, 그리고 생식기 형태

고정관념에 의한 젠더 관점에서, 심리학적 세계는 두 개의 집단, 즉 남성적 집단과 여성적 집단으로 나뉜다. 각 집단의 구성원은 다른 집단과 분명하게 구별되는 능력과 성격 특성을 공유한다.[37] 그림 3.1에 제시된 그래프를 참고하자.

남성이 존재하는 남성적 집단은 외부 지향적이며, 이들의 주된 특성은 능력과 힘이다. 이로 인한 이차적 특징으로 주장이 강하고, 공격적이고, 모험심이 있으며, 힘 있고, 성취 지향적인 것 등이 있다. 이와 대조적으로 여성이 존재하는 여성적 집단은 내부 지향적이며 주된 특성은 보살핌과 표현력이다. 이로 인한 이차적 특징으로 공동체적이고, 이타적이고, 정서적이고, 순종적이고, 다른 사람을 중심으로 생각하는 특성이 있다. 하지만 심리학에서 이분법적 범주로 깔끔하게 분류될 수 있는 것은 없다. 인성 검사를 포함한 심리 측정 검사에서 기본 원칙은 어떤 특성도 단일 항목으로 정확하게 측정될 수 없다는 것이다. 단일 항목에 의한 측정이 잡지에 수록된 검사라면 괜찮겠지만, 과학적 검사라면 기준에 적합하지 않다.

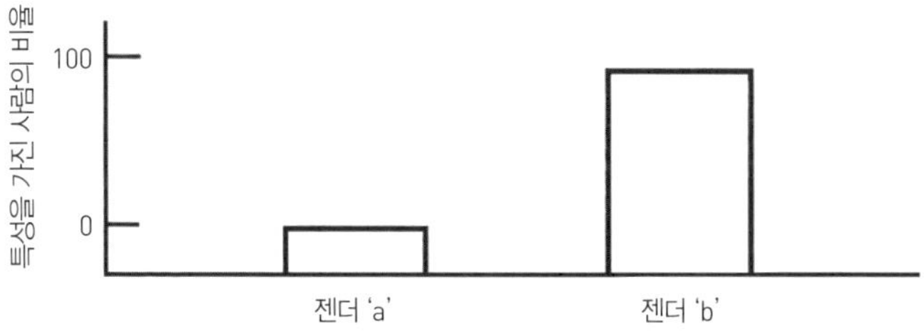

그림 3.1　주어진 특성에 대해 젠더 차이에 따른 이분법적 관점

심리학자 에릭 에릭슨Erik Erickson의 관찰 연구에 따르면, 생물학적 본질주의의 관점이 젠더 역할 고정관념을 확정하는 데 영향을 미쳤다.

에릭슨은 놀이 중인 어린아이들을 묘사하며, 남자아이들은 높은 탑과 건물을 만들고 여자아이들은 내적이고 가사 유형의 장면을 연출했다고 결론 내렸다. 다시 말해, 어린아이들이 놀이 상황에서 무의식적으로 자신의 생식기 모양을 재현한다고 추론한 것이다. 심리치료사인 에릭 번Eric Berne은 남자의 성기를 '공격적인 배달 시스템'으로 묘사했고, 이와 대조적으로 여자의 성기를 '배달을 독려하고 배달된 것들을 처리하기' 위한 것으로 묘사했다. 인권 작가이자 젠더 이론가인 마틴 로스블래트는 저서 『성의 인종차별』에서 '여자', '남자'라는 단어를 사용하지 않고, 여자를 '버자이너가 있는 사람' 그리고 남자를 '페니스가 있는 사람'이라고 칭했다.[38] 젠더 고정관념은 생식기를 은유적으로 표현한 것에 불과하다. 남성(숫자 1)은 '외향적' 성격을, 그리고 여성(숫자 0)은 '내향적' 성격을 가진다고 말이다. 우리가 진화하고 문화적으로 발전했음에도 불구하고, 젠더의 이분법 모델에서는 우리가 생식기의 기대에 부응하거나 이를 견뎌야 한다고 말한다.

다음으로 젠더 이분법의 타당성을 가늠해보기 위해 젠더 차이를 다룬 연구에서 제시하는 근거를 살펴보겠다.

우리가 정말 얼마나 다른가?

연구에서 나타나는 젠더 차이를 살펴보기 전에 연구가 무엇을 의미하는지 분명히 할 필요가 있다.

연구란 무엇일까?

비공식적 의미에서 연구는 인터넷을 이용해서 하는 조사

활동, 친구의 의견을 구하는 활동, 또는 광고 캠페인을 홍보하기 위해 일부 내용을 인용하는 활동을 의미할 수 있다. 학술연구는 이보다 엄격해서 과학적 원칙과 윤리적 지침을 준수하도록 고안된 것이며 연구 결과는 더욱 신중하게 해석되어야 한다. 학술연구는 동료 평가과정을 거쳐, 다른 학자들이 정밀하게 검토한 후에 발표될 수 있다.

양적 연구는 두 단계의 과정을 거쳐 데이터 통계를 분석한다. 첫 번째 기술적 단계에서는 평균값, 중간값, 최빈값 같은 집단 평균을 이용해 점수와 퍼센티지의 범위를 측정한다. 두 번째 단계에서는 관찰된 차이가 '통계적으로 유의미한지'를 평가하는 실험을 진행한다. 기술적 단계에서는 유의미한 차이가 있다고 주장할 수 없다. 유의미한 차이를 얻기 위해서는 실험을 거쳐야 하고 결과가 우연이거나 오류로 얻어진 것이 아니라는 95% 이상의 확신이 있어야 하며 19대 1 이상의 확률이 나와야 한다. 하지만 우리는 그럴듯하게 보이지만 통계학자만 좋아할 것 같은 논문상의 연구와, 현실에서 유의미한 '생태학적 타당도'를 구별할 필요가 있다.

연구에서의 성/젠더 차이

통계학자들은 여러 연구 결과를 통합하고 오류를 상쇄하여 희망컨대 좀 더 확고한 종합적 결론을 내리기 위해[39] '메타 분석'이라는 방법을 사용한다. 메타 분석에서 효과크기는 집단 간의 표준점수 차이로 나타난다. ('*d*', 또는 '코헨의 *d*'라고 한다.)[40] 젠더 차이에 대한 연구에서 효과크기는 남자와 여자 집단 사이의 차이 정도뿐만 아니라 두 집단 사이의 중첩 정도 역시 평가할 수 있게 해 준다. 비교를 용이하게 하면서도 신중하게 접근하기 위해,[41] '*d*'의 크기를 바탕으로 메타 분석에서 얻은 점수를 5개의 큰 범주, 즉 작음, 작음에서 중간, 중간, 중간에서 큼, 큼으로 나눈다.[42] 여기서도, *d* 값이 양수이면 남성의 우월성을 나타내고 음수이면 여성의 우월성을 나타낸다.

심리학자 자넷 쉬블리 하이드Janet Shibley Hyde는 2005년 발표한 『젠더 유사성 가설The Gender Similarities Hypothesis』이라는 논문에서 다음과 같이 말했다. 1974년의 젠더 차이에 관한 최초의 주요 검토서에서 발견된 증거에 따르면 젠더에는 유사성이 더 많고 언어 구사 능력, 시공간 능력, 수학 능력, 공격성 단 4개 영역에서만 주목할 만한 차이가 있었다는 것이다. 이 연구를 언급한 여러 교과서에서는 젠더의 차이점에만 중점을 두었다. 그러나 하이드는 자신의 새로운 논문에서 20년에 걸쳐 젠더 차이를 연구한 메타 분석 자료 46개를 검토했다. 그 결과 효과크기(*d* 값)가 124로 산출되었다. 3/4 이상인 78%가 0에 근접하거나 '작음' 범위 내에 있었다. 현저한 차이를 보인 것이 있다면, 여성과 비교해 남성이 더 멀리 빠르게 공을 던질 수 있고, 신체적으로 더 공격적이고, 자위행위를 더 많이 하고, 진지하지 않은 관계에서의 섹스에 더 긍정적인 태도를 보인다는 점이었다.[43] 누군가는 이것이 '전형적 남자'의 핵심이라고 주장하는 사람도 있을 것이다.

메타 분석의 발판을 마련한 통계학자이자 심리학자인 야곱 코헨Jacob Cohen은 젠더와 연관되는 주요 차이를 살펴보기에 앞서,[44] 수치를 이해하기 쉽도록 몇 가지 익숙한 비교를 제시했다. 15세에서 16세 사이 여성의 키 차이는 *d* 값이 0.50으로 이는 '중간'에 해당한다. 즉, 키를 통해 나이를 추측할 수 있는 확률은 약 60% 정도이다. 13에서 18세 사이 여성의 키 차이는 *d* 값이 1.00으로 이는 '큼'에 해당한다. 이제 키를 통해 나이를 추측할 수 있는 확률은 약 69% 정도이다. 같은 나이의 남성과 여성의 키 차이는 *d* 값이 약 2.00이며 이는 매우 '큼'에 해당한다. 키를 통해 젠더를 추측할 수 있는 확률은 약 84%에 해당한다.

- **던지기** 예상할 수 있듯이, 남녀의 신장과 신체 크기 차이는 신체적 능력에서 비교할 만한 차이를 낳는다. 평균적으로 남성은 여성보다 더 멀리 더 빠른 속도로 던질 수 있다. 던지기 거리와 속도 모두에서 차이가 '큼'으로 나타났다($d = +2.00$).
- **섹스에 대한 태도** 섹스에 관해서 남성과 여성에게 이중 잣대가 적용되기 때문에 섹스에 대한 태도에서 젠더 차이가 크다는 연구 결과 역시 놀랍지 않다. 자체 보고에 의한 자위 빈도에서 차이는 '큼'으로 나타났다($d = +0.96$). 이 값이 자체 보고에 의한 수치라는 점을 기억하는 것이 중요한데, 실제 수치는 다를 수도 있기 때문이다. 하지만 이 수치를 바탕으로 약 68% 확률로 젠더를 정확하게 추측할 수 있다. 진지하지 않은 관계에서의 가벼운 섹스에 대한 태도에서도 역시 젠더 차이가 '큼'으로 나타났다

(d = +0.81). 약 66% 확률로 젠더를 정확하게 추측할 수 있다. 성적 만족감에 대한 평가에서 남성과 여성의 차이는 0에 근접하게 나타났는데(d = -0.06), 이는 두 집단이 거의 완전하게 중첩된다는 뜻이다.

- **공격성** 공격성에 관한 특성은, 남성은 공격적이라는 고정관념이 어느 정도 일치하는 주요 영역이다. 하지만 모든 면에서 정확하게 일치하는 것은 아니다. 가장 믿음직한 결과는 신체적 공격성이며, '중간'에서부터(d = +0.40), '중간에서 큼'(d = +0.50~0.60), 그리고 '큼'(d = +0.84)까지 그 차이가 나타난다. 평균값(0.50)일 경우 60% 확률로 젠더를 추측할 수 있다. 관계적 공격성은 더 복잡한 유형의 공격성이며, 다른 사람을 소외시키거나 험담을 해서 다른 사람의 평판을 나쁘게 만드는 등 알아차리기 힘든 형태로 나타난다. 관계적 공격성에서는 여성이 더 높은 점수를 보였고(d = -0.74, '중간에서 큼'), 65% 확률로 젠더를 추측할 수 있다. 하지만 상황에 따라 직접적 공격성과 간접성 공격성의 결과는 다르게 나타나며, 젠더만 중요한 요인이 되는 것이 아니다.
- **언어 구사 능력** 여성이 언어 구사 능력이 더 우수하다는

고정관념이 있다. 연구 결과에 따르면 언어 구사 능력에서 여성이 남성보다 더 좋은 성적을 받긴 하지만 '다른 행성에서 온 것'처럼 다르진 않다. 그 차이는 통계적으로 '작음' 범위에 있다($d = -0.11$). 구체적으로 살펴보면 언어 능력 시험에서 평균 이상의 점수를 받은 사람 중 53%가 여성이었고 47%가 남성이었다. 하이드는 이를 다른 관점에서 보면, 언어 구사 능력 차이의 99%는 젠더가 아닌 다른 이유로 인한 것이라고 말했다. 청소년 스펠링 영역에서는 여성이 우월한 것으로 나타났는데, 차이가 '중간' 경계 범위에 있다($d = -0.45$)는 점이 주목할 만하다. 59% 확률로 젠더를 추측할 수 있다는 뜻이다.

- **수학 능력** 남성이 수학 능력이 더 우수한 것으로 알려져 있다. 하지만 연구 결과에 따르면 수학 분야에서 젠더 차이는 대체로 나이와 수학 능력 시험 유형의 상관관계로 결정된다. 모든 수단과 모든 수학 유형에서 남성이 '작음' 범위에서 우세했다($d = +0.15$). 성인 집단의 문제 해결 능력에서 주요하게 젠더 차이가 두드러졌으며 남성이 우세한 것으로 나타났다. 차이는 '작음에서 중간' 범위 안에 있다($d = +0.30$). 연구 결과는 전반적으로 격차가 좁

혀지고 있음을 보여준다. 흥미로운 점은 수학 능력과 연관된 자신감과 불안감의 차이다. 남성은 자신감 측정에서 더 높은 점수를 받을 가능성이 컸고($d=+0.16$), 여성은 불안감 측정에서 더 높은 점수를 받을 가능성이 컸다($d=-0.15$).

- **도움주기** 젠더 역할 고정관념에 따르면 여성에게서 도움을 주는 성향이 두드러지게 나타난다. 아마 이러한 이유로 시리Siri와 코타나Cortana 같은 인공지능 도우미 애플리케이션이 여성화되었을 것이다. 하지만 연구 결과는 그렇지 않다는 증거를 제시한다. 전반적으로 남성이 돕는 행동을 할 가능성이 크다. 하지만 이 차이는 '작음에서 중간'에 그친다($d=+0.13$). 연구 결과를 보면 상황을 고려하는 것이 중요하다는 점을 알 수 있다. 감시가 없을 때 젠더 차이는 0에 근접하게 나타났지만($d=-0.02$), 감시가 있을 때 젠더 차이는 '중간에서 큼'으로 나타났고($d=+0.74$), 남자가 도움을 줄 가능성이 더 컸다.

논문 『남자와 여자는 지구에서 왔다: 젠더의 잠재 구조에 관한 조사Men and Women Are from Earth: Examining the Latent

Structure of Gender』에서 공동 저자인 사회 심리학자 바비 캐러더스Bobbi Carothers와 해리 레이스Harry Reis[45]는 남자와 여자 사이에 평균적 차이가 있긴 하지만 이러한 차이는 절대적인 것이 아니라 포괄적이며, 이 차이를 통해 생물학적 성을 바탕으로 젠더에 따른 심리적 변인을 '진단'하는 것은 부적합하다는 결론을 내렸다. 생식기의 범주적 차이가 인간의 생물학적 작용의 다른 측면에 어느 정도까지 확장되느냐는 질문의 답을 찾기 위해 심리학자 다프나 조엘Daphna Joel의 연구팀은 1,400개 이상의 인간 두뇌를 스캔한 자기공명영상MRI을 분석했다. 뇌에 성/젠더 차이가 있다는 증거가 많이 있긴 하지만, 성적 이형화二形花, 즉 '남자의 뇌', '여자의 뇌'가 있다는 개념은 남녀의 뇌 기능 사이에 중첩되는 부분이 거의 없을 때와 이러한 뇌 기능들이 내부적으로 일관되게 나타날 때만 성립한다. 다시 말해 남자 뇌에만 있는 기능이 있고 여자 뇌에만 있는 기능이 있다면 성적 이형화 개념이 성립한다. 연구팀은 남성성-여성성의 스펙트럼에서 양극단에 위치한, 일관되게 나타나는 뇌의 특징은 거의 없다고 밝혔다. 인간의 뇌는 남성 뇌와 여성 뇌의 뚜렷한 두 개의 범주로 구분되는 것이 아니다. 뇌의 대부분은 독자적인 기능이 '모자이크'를 이루며 구성된다.[46] 거침없는 비평가로 잘 알려진 인지 신경과학자 지나 리폰Gina Rippon은 남자와 여자가 다른 행성에서 왔다는 접근법을 '신경학계의 쓰레기'라고 표현했다. 리폰은 조엘 연구팀의 연구 결과가 "'남자는 화성에서 오고 여자는 금성에서 왔다'라는 말도 안 되는 얘기로 상징되는 뿌리 깊은 오해에 대한 큰 도전"이라고 말했다.[47] 뇌 성차별이라는 뜻의 뉴로섹시즘neurosexism이라는 단어를 만든 신경과학자이자 작가인 코델리아 파인Cordelia Fine은, 젠더 차이가 '타고난 것'이라는 많은 주장에서 종종 간과하는 사실은 행동 변화가 뇌의 변화로 이어질 수 있다는 점이라고 지적한다. 다시 말해 테스토스테론이 증가하면 공격성이 커질 수 있는 것처럼 공격적인 행동이 테스토스테론을 증가시킬 수도 있다. 파인의 주장처럼 '한쪽을 가리키는 화살표의 인과성은 지난 세기의 것에 불과하다.'[48]

하지만 진화 심리학자 마르코 델 주디체Marco Del Giudice와 그의 연구팀은 조엘 연구팀의 방법론에 이의를 제기한다. 델 주디체는 조엘의 일부 기준이 지나치게 엄격해서 "현실적인 데이터세트에서 성적 이형화가 나타나고 그로 인해 도출된 결과가 조엘과 동료들의 가설을 왜곡할 여지가 없어 보인다."라고 말했다.[49] 따라서 뇌 스캔처럼 외관상 확실해 보이는 것조차 방법론을 둘러싸고 싸움이 벌어지는 것을 막지 못한다. 델 주디체는 '뇌의 부피, 두께, 연결성 등 다양한 소스의 뇌 영상 데이터를 결합하면 상당히 높은 정확도로 뇌 구조를 통해 그 사람의 젠더를 확인하는 것이 가능할 수 있다'고 생각한다.[50] 그렇다면 혼란스럽고 상충되는 증거들을 어떻게 이해해야 할까? 델 주디체의 발언과 정반대의 주장도 역시 틀림없는 사실이다. 우리는 뇌 구조를 스캔한 영상을 통해 '생물학적 성에 대한 사회적 해석'을 확인할 수 있을지도 모른다. 그렇다면 결론은 무엇일까? 젠더가 뇌를 엉망진창으로 만들어버릴 수도 있다는 것이다! 우스꽝스러운 결론이지만, 마찬가지로 유효한 주장이다.

젠더 차이에 대한 논의에서 논쟁하는 양측 모두가 교차하는 영역이 있음을 인정한다. 논란이 되는 부분은 그 교차 영역이 어느 정도냐 하는 것이다. 따라서 그림 3.1에서처럼 연결이 끊어진 두 개의 블록이 아니라 종 모양의 곡선으로 각 젠더를 나타내고(점수가 정상 분포를 나타낸다), 백분

율 수치로 표시하는 것이 더 정확하다. 대다수 점수는 중간에 집중되어 있으며 양쪽 끝으로 갈수록 빈도가 감소하므로 점수가 매우 낮거나 매우 높은 경우가 드물다. 중첩 또는 교차하는 '회색 영역'은 유사성의 정도를 나타낸다. 교차의 크기는 특성에 따라 다르다. 어떤 경우에는 유사성이 차이보다 더 크게 나타날 수 있다(그림 3.2 참조). 당연히 차이가 0이면 전체가 중첩되는 것과 마찬가지다.

이렇게 중첩되는 곡선은 2장에서 살펴본 생물학적 차이에도 동일하게 적용된다. 곡선이 더 가파르고 중첩되는 부분이 더 적을 수는 있지만, 원리는 같다.

전반적으로 대부분의 통계 차이가 2.00~3.00 범위에 있다면 '남자와 여자가 다른 행성에서 왔다'는 주장이 더 설득력 있을 것이다. 하지만 그렇다 하더라도 중첩되는 부분

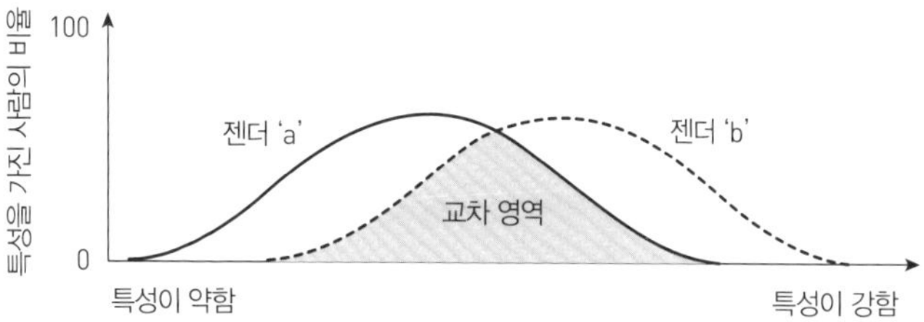

그림 3.2 주어진 특성에 대해 젠더 차이에 따른 중첩 곡선

은 여전히 있을 것이다. 실제로는 많은 영역에서 차이가 약 0.20 정도이다. 하이드는 자신의 연구에서 어린아이에서부터 성인에 이르기까지 전반적으로 남자와 여자는 대부분의 심리적 변수에서 차이점보다 유사점이 더 많다고 결론 내렸다. 그러나 학업 성취도 측면에서 남녀의 얼마 되지 않는 차이가 실제로는 어떤 영향을 미치고 있는지 생각해 보아야 한다. 우리가 차이를 어떻게 해석하고 그 차이에 대해 어떻게 행동하는지가 차이 그 자체보다 더 중요할 수 있다. 다시 말하지만, 보는 것이 행동에 영향을 미친다. 젠더 차이에 대한 메타 분석에서 주목할 만한 점은 시간이 지나면서 격차가 줄어든다는 것이다. 특히 차이가 '작음에서 중간'인 경우가 그러하다. 의심의 여지 없이, 남성과 여성의 권리, 역할, 그리고 기대에 관한 사회적, 정치적, 경제적 변화가 격차를 줄이는 데 이바지했다. 변화를 위한 '필요충분조건'[51]을 고려할 때 상황은 변한다. 그리고 사람도 변한다.

양성성

심리학자 앤 콘스탄티노플Anne Constantinople은 다양한 분석 연구를 검토한 후, 남성성과 여성성에 대한 척도가 독립적이고 개별적인 여러 신념과 태도를 활용해 만들어질 가능성이 크다고 주장했다. 이러한 관점에서 보면 젠더는 이분법적인 것이 아니라 다차원적이다.[52] 1970년대에 심리학자 산드라 벰 역시 남성성과 여성성을 하나의 스펙트럼 양쪽 끝에 두는 것이 아니라 별도의 척도로 측정하는 방법을 통해 젠더 역할에 대한 인식을 바꾸어놓았다.

낮은 여성성	⟷	높은 여성성
낮은 남성성	⟷	높은 남성성

여기서, 일반적인 남성형과 여성형, 그리고 새로운 용어인 '양성성androgyny'과 '미분화'로 구성된 네 가지 결과의 표가 도출된다.

	낮은 남성성	높은 남성성
낮은 여성성	미분화	남성형
높은 여성성	여성형	양성성

'미분화'는 남성성과 여성성의 척도 모두에서 낮은 점수 양상을 나타낸다. 이와 대조적으로 '양성성'은 남성성과 여성성의 척도 모두에서 높은 점수를 보인다. 양성성이 남성성과 여성성의 척도에서 중간에 위치할 것으로 생각되기 쉽지만, 사실은 두 가지 척도 모두에서 '높은' 점수를 나타낸 것이다. 분명 양성성은 '심리학적으로 전체를 아우르는 것'을 다른 말로 표현한 것이다. 그러나 좋은 의도에도 불구하고 젠더 고정관념이라는 편견이 남성성과 여성성에 대한 각각의 척도에 스며들어 있다. 남성성 점수는 심리적인 행복감과 자기 결정을 더 잘 예측할 수 있는 변수이다. 이와 대조적으로 여성성은 유아적인 특성과 자기희생을 포함한다. 젠더의 심리 측정 검사가 의문스러운 방법론을 사용하여 고안되었다는 점을 고려하면 이는 그리 놀랄 일은 아니다. 근본적인 문제는 심리 측정 검사들이 같은 논리를 반복한다는 것이다. 남성성은 일반적으로 남성이 선택

하는 항목으로 결정되고 여성성은 일반적으로 여성이 선택하는 항목으로 결정된다. 사실상 심리 측정 검사들은 사회적 고정관념을 얼마나 준수하는지를 측정하는 것이다.[53] 사이먼 배런 코헨Simon Baron-Cohen의 『필수적인 뇌The Essential Brain』에 대해서도 비슷한 비판이 제기된다.[54]

초반에는 양성성 개념이 남성과 여성 사이의 힘의 불균형을 다루지 않고, 너무 '따뜻하고 포용적'이라는 이유로 비판을 받았다.[55] 그렇긴 하지만 양성성 개념은 제로섬 게임을 초월해 젠더 문제를 다루면서 인식의 전환을 가져왔다. 우리가 남성적이고 여성적인 것으로 명명한 특성들은 서로 상충하기보다는 상보적이고, 서로 투쟁하기보다는 균형을 이루는 것일 수 있다.

사이비 회의론자와 차이를 부정하는 자

근거를 토대로 하는 학술 토론은 제외하고, 간단한 인터넷 검색으로도 젠더가 유사하다는 가정에 반대하는 자칭 회의론자들의 주장을 찾을 수 있다. 어떤 사람들은 좋은 의도에서 균형 잡힌 비판을 위한 유용한 참고 자료를 제시하는 것일 수 있다. 하지만 건전한 회의주의와 사이비 회의주의 사이에는 미세한 차이가 있다. 후자는 대체로 악의에 찬 반 페미니즘이 특징이며, '성차性差를 인정하지 않는다'고 비난하는 동시에 젠더 불평등 같은 것은 없다고 주장한다. 학자들도 '방법론적 결함'이나 '잘못된 결론' 같은 표현을 사용해가며 다른 학자의 의견에 동의하지 않는 경우가 자주 있다. 사이비 회의론자는 '쓸데없는 말'과 '쓰레기'나 이보다 더 심한 단어를 사용한다. 그들의 웹사이트 내용을 자세히 보면 이미 '선험적인' 가정을 전제로 하고, 이미 판단을 내린 상태에서 시작한다. 결과적으로, 사이비 회의론자들은 그들의 스키마를 확증시켜 줄 정보만을 찾는다.[56]

맺으며

3장에서는 다양한 심리적 기제를 통해 젠더 고정관념이 어떻게 형성되고 유지되는지 살펴보았다. 또한, 생물학적 성의 차이(2장 참조)가 우리의 사회적, 심리적 자아에 어느 정도까지 영향을 미치는지 살펴보았다. 여자다움과 남자다움의 범주가 매우 여러 수준으로 존재하는 것을 고려하면, 범주 내의 차이가 범주들 사이의 차이보다 큰 경우가 종종 있다. 우리는 작은 뇌의 차이에서 시작하지만, 사회문화적 기대와 행동 차이에 영향을 받으며 뇌가 발달하고 교육되고 진보한다. 이러한 시각이 대중 심리학, 그리고 일부 심리학계에서 제시하는 '한쪽을 가리키는 화살표식의 접근법'보다 더 그럴듯하다. 연구 결과들은 생물학적 본질주의의 관점에 이의를 제기한다. 남자와 여자는 차이점보다 유사성이 더 많다. 게다가 그 차이점은 질적인 것이 아닌 양적인 것에 있는 경우가 더 많다.

다음 장에서는 이분법적 젠더 역할 고정관념의 영향과 의미에 대해서 살펴보겠다. 우리는 인지 경제성의 측면에서 한 번에 성공하는 것이 좋다는 것을 알고 있다. 당연하지 않을까? 고정관념은 우리가 세상을 이해하는 좋은 수단일까, 아니면 육체적으로나 정신적으로 해로운 것일까? 이 외에도 더 많은 광범위한 영향에 대해 살펴보겠다.

04

젠더 역할 고정관념의 영향

젠더 제로섬 게임에서는 확실성을 제공하는 것이 목표이다. 그렇다면 이 게임의 벌칙은 무엇일까? 젠더 고정관념은, 한편으로는 세계를 있는 그대로 보여주고 인지적 효율성을 제공하는 무해한 장치로써 세계를 더 단순하게 이해할 수 있게 한다. 하지만 다른 한편으로는 부정적인 면뿐만 아니라 심지어는 어두운 면도 있다. 젠더 고정관념은 해로울 정도로 규범을 강요하고 분열을 초래한다. 앞서 3장에서는 젠더의 청사진에 대해 알아보고 젠더 고정관념을 엄격하게 고수했을 때 어떤 결과가 있었는지 일부 사례를 살펴보았다. 4장에서는 젠더 고정관념이 우리의 건강과 웰빙에 어떤 영향을 미치는지, 그리고 우리가 사회, 그리고 더 넓은 세계와 맺는 관계들에 어떤 영향을 미치는지 살펴보겠다. 또, 이 장에서는 '젠더 고정관념은 우리에게 나쁜 것인가?'라는 근본적인 질문을 던진다.

앞서 논의했던 주제를 종합하고 다음 논의로 넘어가기 위해 더욱 포괄적인 젠더의 정의를 알아보자.

> 젠더는 사회적으로 형성된 역할과 관계들, 성격 특성, 태도, 행동, 가치, 상대적 권력과 영향력의 집합으로, 사회가 두 개의 성에 차별적인 기준을 바탕으로 부여한 것이다. 젠더의 역할과 특성들은 별개로 존재하지 않으며, 서로 관련하여 설명된다.[1]

질병의 발병과 사망에 관한 역설

생물학적으로는 여성이 남성보다 어떤 면에서 유리하다. 앞서 2장에서 논의한 바와 같이 Y 염색체가 더 취약하기 때문에 남성은 다양한 범위의 유전병이나 유전자 관련 문제가 생길 가능성이 더 높다. 그리고 사산율과 유아 사망률은 남아가 여아보다 더 높다.[2] 하지만 이러한 생물학적 차이가 모든 면에서 명확한 차이로 이어지는 것은 아니다. 평균적으로 남자의 기대수명이 더 짧고, 여자의 질병률이 더 높다. 이는 '남자는 더 빨리 죽고, 여자는 더 아프다'라는 말로 요약될 수 있다.[3]

통계를 내기 시작한 이래, 전 세계에서 여자의 기대수명이 더 길다는 증거를 찾을 수 있다. 전 세계 평균적으로 여자의 기대수명은 남자보다 3~4년 더 길다.[4] 하지만 산업화한 국가에서는 이러한 차이가 좁혀지고 있다.[5] 전 세계적으로 기대수명은 크게 차이가 나며, 한 국가 내에서도 지역과 공동체에 따라 차이가 난다. 예를 들어 호주 여성의 기대수명은 85세, 짐바브웨 여성의 기대수명은 58세로 27년 차이가 난다. 남자는 그 차이가 줄어들어 호주 남성의 기대수명은 80세, 짐바브웨 남성의 기대수명은 57세로 23년 차이가 난다. 짐바브웨 여성과 남성의 기대수명 차이는 1년으로, 짐바브웨 여성의 기대수명은 58세, 남성은 57세이다. 호주 원주민인 애버리지니는, 애버리지니가 아닌 호

주인보다 기대수명이 10년 짧다.[6]

성별 간의 건강 불평등은 생물학적 특징과 사회(성과 젠더)가 상호작용한 결과이며, 이러한 상호작용은 사회가 우리의 삶을 구조화하고 우리 삶에 영향을 미치는 방식과 세계를 바라보는 우리의 관점과 관련이 있다. 이는 생물학적 차이가 증폭되거나 억제될 수 있으며 건강에 대한 태도에서 젠더 간 차이를 만들어낼 수 있다는 뜻이다.[7] 예를 들어 만성질환이나 질병이 있는 여성은 질환을 자신의 일부분으로 받아들일 가능성이 크다. 이와 대조적으로 남성은 질환을 극복해야 할 도전과제로 받아들이는 경향이 있다. 산업화한 국가에서 당뇨 환자를 대상으로 진행된 젠더 차이에 관한 연구에 따르면, 일반적으로 남성보다 여성이 질환에 대처하는 데 더 부정적이며 불안감과 우울증이 있는 경우가 더 많았다. 하지만 남성은 질환과 장기적 당뇨 합병증을 과소평가할 가능성이 더 컸다.[8]

또한, 남자와 여자는 건강관리에 있어 다른 경험을 하게 된다. 여자는 생식 건강을 유지하기 위해 남자보다 더 정기적으로 검진 받고 적극적으로 치료를 받으며, 검진 과정에서 생식과 관련되지 않는 다른 질환을 발견하게 될 수도 있다.[9] 여성의 젠더 역할 고정관념과 마찬가지로, 남성 우위의 의료 시스템에서 여성은 남성보다 의학적인 상황에 더 순응하도록 사회화된다. 그리고 여성은 사회화 과정에서 사회학자 탈코트 파슨스Talcott Parsons가 개념화한 '아픈 역할Sick role', 즉 '환자 역'을 맡는다. 이러한 순응으로 인해 건강 문제와 관련된 '학습된 무기력Learned helplessness'[10]이 발생할 수 있으며, 이는 건강에 관한 체념, 불안감, 그리고 우울증으로 이어진다. 이와 대조적으로 남자는 건강 문제가 더 악화될 때까지 기다리는 경향이 있는데, 이는 남자가 도움을 청할 가능성이 더 낮다는 젠더 고정관념과 부합한다.[11] 남성 독감man flu(남성이 스스로 단순 감기를 심각한 독감이라고 판단하는 것 – 옮긴이 주) 고정관념과는 상반되게 영화 '몬티 파이튼의 성배Monty Python And The Holy Grail'[12]의 한 장면이 사실처럼 느껴진다. 이 영화에서 기사가 자신의 팔이 잘려나간 것을 두고 "단지 얕은 자상에 지나지 않는다."라고 항의하며 싸움을 계속할 것을 요구한다.[13] 몇몇 연구에서는 건강이 허약해지거나 불치병에 걸렸을 때 '살고자 하는 의지'와 관련해 젠더 차이를 다루었다. 여자는 남자보다 삶을 연장하고자 하는 의지가 약한 것으로 보인다. 또한 남자는 파트너와 함께 사는 것이 삶의 의지에 상당한 영향을 미치지만, 여자는 그렇지 않았다.[14] 로맨스가 사라졌다고 누가 말할 수 있을까?

남자와 여자 모두 관계를 오래 유지하고 있는 경우에 독신인 사람보다 더 오래 살고 결근을 더 적게 하며 병원을 가는 횟수도 더 적었다. 한 연구에서는 40대 중반에서 50대 중반까지 파트너가 있는 남녀와 독신이거나 사별 또는 이혼으로 파트너가 없는 남녀의 기대수명을 연구했다. 연구 결과에 따르면 45~54세 남성 가운데 파트너가 없는 25명 중 6명이, 파트너가 있는 25명 중 3명이 10년 안에 사망했다. 하지만 45~54세 여성 가운데 파트너가 없는 25명 중 2명이, 파트너가 있는 25명 중 1명이 10년 안에 사망했다. 정신 건강 수치에서도 비슷한 양상을 보였다. 결혼 관계를 유지하는 것이 남자와 여자 모두에게 도움이 되지만, 남자에게 더 도움이 되는 것으로 나타났다.[15]

직업이 있는 것 또한 건강과 웰빙에 영향을 미치는 주요 요소이다. 직업이 없는 남성은 심리적 어려움을 겪거나 조기 사망할 위험이 크다. 직업이 있는 여성은 자신감이 커지고 경제적 독립심을 갖추고 있으므로 건강할 가능성이 크다.[16]

주요 사망 원인

일부 건강과 웰빙 문제는 젠더와 특히 더 관련이 있다. 예를 들어 치매, 우울증, 관절염은 여성에게서 더 많이 발병한다. 남성은 폐암과 심혈관질환에 걸리거나 자살할 확률이 더 높다.[17] 그러나 서양의 세 가지 주요 사망 원인은 심혈관질환, 암, 사고이기 때문에 심혈관질환과 암에 대해서 먼저 살펴본 후 이번 장 후반부에서 사고사에 대해 알아보겠다. 이 세 가지 사망 원인 모두 젠더 차이가 뚜렷하게 나타난다.

심혈관질환

심혈관질환은 산업화된 국가에서 손꼽히는 주요 사망 원인이다. 심혈관질환 연구 결과에 젠더 차가 나타나기는 하지만, 그러한 양상이 뚜렷한 것은 아니다. 남자보다 여자의 심혈관질환 사망률이 높지만, 남자는 여자보다 일찍 사망할 가능성이 크다. 그런 이유로 심혈관질환이 남자의 질병이라는 인상을 주는 것일 수도 있다. 젠더 차이와 연관된 요인으로는 생활 방식에 따른 위험성을 들 수 있다. 여자의 식이와 비교해 남자의 식이는 평균적으로 지방의 비율이 높으며, 특히 고도불포화지방 대비 포화지방의 비율이 높다. 또한, 남자는 비타민C 섭취 비율이 낮으며, 담배를 피우는 경우가 더 많다. 하지만 건강에 전반적으로 유익한 영향을 미치는 운동과 관련해서는, 여성보다 남성의 운동량이 더 많다. 호르몬, 특히 에스트로겐이 심혈관질환에 미치는 영향에 관한 연구도 있다. 일부 연구에서는 에스트로겐이 여성을 심혈관질환에서 보호하는 효과가 있을지 모른다고 시사했지만, 아무 효과가 없다고 나온 연구도 있었다. 또, 호르몬 대체요법의 효과에 대해서도 상충되는 연구 결과가 나왔다. 일부 연구는 호르몬 대체 요법이 보호 효과가 있다고 보고했지만, 다른 연구에서는 여성, 특히 노년층 여성의 뇌졸중 위험이 증가했다고 보고했다. 따라서 아직 정확한 결론은 나지 않은 상태이다.[18] 분명한 건 젠더 고정관념으로 인해 심혈관질환 치료법에 차이가 나타난다는 점이다. 심혈관질환 모델들은 남자 환자를 기반으로 개발되었다. 동일한 증상을 보이는 남녀가 동일한 진단과 치료를 받는 것은 아니다. 심혈관질환이 남자의 질환이라고 확신

한다는 것은 남자가 여자보다 추가 검사와 예방 치료를 받을 가능성이 더 높다는 뜻이다. 민족 집단에 따른 편견 또한 존재한다. 그 결과 미국에서 아프리카계 미국 여성은 이중의 위험을 겪으며 심혈관질환 증상이 있을 때 가장 간과되기 쉽다.[19]

암

서양에서 암은 두 번째 주요 사망 원인이다. 전반적으로 여성보다 남성이 암으로 사망할 확률이 더 높다. 폐암은 남녀 모두에게서 가장 흔하게 나타나는 유형의 암이며, 흡연과 밀접한 관련이 있다. 전립선암보다 유방암 재정 지원이 훨씬 더 많기 때문에, 암에 대한 재정 지원이 불평등하다는 논쟁이 많았다. 하지만 질병통계 평가를 보면 이 두 종류의 암 사이에는 명백한 성별 차이 외에도 나이 차이가 뚜렷하게 나타난다. 평균적으로 여성에게 유방암이 발병하는 시기는 남성에게 전립선암이 발병하는 시기보다 더 빠르다. 따라서 자원은 제한된 상황에서 유방암으로 인한 사회적 비용이 더 크기 때문에 유방암 재정 지원이 더 많은 것이라는 주장이 제기되었다. 하지만 분석에 따르면 유방암과 전립선암 모두 방광암, 식도암, 간암, 구강암, 췌장암, 위암, 자궁암 같은 다른 암에 비교하면 지나치게 많은 재정 지원을 받고 있다.[20] 전반적으로 주목할 만한 점은 여성이 매우 효율적으로 유방암에 관한 관심을 동원하고 자선 활동을 펼치는 데 반해, 남성은 이런 부분에서 뒤처져 있다는 것이다. 남성, 특히 젊은 남성에 대한 젠더 고정관념 역시 부정적 영향을 미쳤다. 첫째, 남성은 강하고 여성만큼 자신의 건강을 돌보지 않는다고 사회화된다. 둘째, 남성은 신체에 무언가 삽입되는 문제와 관련하여 직장 검사를 기피할 가능성이 있다. 셋째, 숨겨진 암을 제거하기 위한 수술이다. 공격적 외과 치료는 실금과 발기부전으로 이어질 수 있으며 삶의 질을 심각하게 저하시킬 수 있다. 유방암이 여성성에 미치는 파괴적인 영향은 큰 관심을 받았지만, 이러한 공격적 치료로 인한 남자다움의 상실은 큰 관심을 받지 못했다. 남자는 그저 '어려움을 참고 견뎌야' 하기 때문이다. 중대한 의학적 돌파구로 인해 전립선암에 대한 치료와 태도에 큰 변화가 생길 수도 있다. 심해 박테리아로 만든 약을 혈류로 주입해 전립선에서 레이저로 활성화시키는 방법이

다. 이런 약이라면 남자의 건강을 완전히 바꿀 진정한 '게임 체인저'가 될 가능성이 있다.[21]

고정관념, 식이, 그리고 운동

건강을 개선하기 위해 필요한 두 가지 주요 요소는 식이와 운동이며, 이 두 가지 모두에서 젠더 차이가 나타난다. 평균적으로 여성이 더 건강한 식이를 하는 경향이 있으며 남성이 운동을 더 많이 할 가능성이 크다. 이는 양성성이 건강에 좋다는 것을 보여주는 하나의 사례가 될 수 있다. 하지만 고정관념의 영향은 극단적인 행동을 통해 드러난다.

남자와 여자의 고정관념은 어떤 외부적 기준에 따른 자기 평가와 관련이 있으며, 대체로 남자의 외부적 기준은 다른 남자이다. 여성 잡지 역시 '남성이 (여성에게) 원하는 것'에 초점을 맞춘다. 대체로 남자는 신체를 크게 만들려고 하고 여자는 신체를 작게 만들고 유지하려고 한다. 서양에서는 '날씬함'이 이상적인 여성성의 일부분이다. 따라서 섭식장애 역시 여성에게서 더 흔하게 나타난다. 이 역시 여성이 남성보다 덜 활동적이며 따라서 음식을 통한 에너지 섭취가 필요하지 않다는 고정관념과 결합한다. 그러므로 산업화된 국가에서, 거식증과 폭식증 같은 섭식장애를 일으키는 결정적인 위험인자로서 젠더가 중요한 역할을 한다는 것이 그리 놀라운 일은 아니다. 이러한 일이 생기는 이유 중 하나는, 서양 사회가 여성의 '이상적인' 몸매를 강조하고, 이러한 이상적 몸매가 비현실적으로 재현되어 흔히 패션잡지와 라이프스타일 잡지에 등장하기 때문이다. 여성의 고정관념에서 핵심적인 부분이 다른 사람들을 만족시키려는 욕망이다. 다이어트는 신체상과 자존감을 개선하기 위한 것일 수 있다. 남성의 경우 섭식장애는 스포츠 선수나 게이 남성들 사이에서 더 흔하게 나타난다. 섭식장애로 치료를 받는 사람 중 90%가 여성이다. 하지만 일반적으로 남성이 의학적 치료를 꺼린다는 점을 고려하면 남성의 수치는 과소평가된 것일 수 있다.[22]

남성에 대한 젠더 고정관념은 남성의 근육과 긴밀한 연관이 있다. 남자아이들은 알통, 즉 이두근을 보여 달라는 말을 종종 듣는다. 저널리스트이자 젠더 이론가인 마크 심슨Mark Simpson은 『남자 흉내 내기Male Impersonators』에서 일부 남성들이 신체를 점점 더 크게 키우기 위해 지나친 운동과 극단적인 식이를 함으로써 자신을 위험에 노출시킨다고 주장한다. 그는 프로이트에 가까운 예리한 분석을 통해, 보디빌딩은 남성이 스스로를 단단하고 정맥이 드러나는, 살아있는 남근의 상징으로 변형시키는 것이라고 말했다.[23] 모순은 스테로이드 남용의 부작용에 정자 수 감소, 불임, 발기부전, 전립선암 위험 증가, 고환 수축 및 유방 발달이 있다는 것이다.[24] 이는 클수록 좋은 것은 아니라는 걸 확실하게 보여주는 사례이다. 근육이 크다고 해서 건강이 반드시 좋은 것은 아니다.

흥미롭게도 남성은 자신의 이두근을 상징적인 용어로 '총'이라고 부른다. 실생활에서 총기와 폭력은 남성의 기대수명에 치명적인 영향을 미친다.

조기 사망과 젠더

반여성성, 우월성, 자립성, 권력 같은 '남성성의 기본 원칙'의 영향을 가장 잘 보여주는 것은 사고와 폭력으로 인한 사망률 통계이다.[25] 미국에서 2013년 사고와 폭력으로 인한 사망률을 살펴보면 유럽계 미국인, 아프리카계 미국인, 히스패닉계 미국인 등 세 개의 민족 집단에서 젠더 차이가 뚜렷하게 나타난다. 전반적으로 남성은 여성보다 폭력으로 사망할 확률이 3배 더 높다. 이 수치는 전 연령대에 걸쳐 같은 수준으로 유지되지만 젊은 남성에게서 더 높게 나타난다. 남성은 위험을 증가시키는 방식으로 행동하는 경향이 있는데, 알코올 섭취량이 많고, 위험하게 운전을 하고, 안전벨트 사용 빈도가 낮고, 직업상 위험도가 높고, 신체적 공격 행위와 불법 활동을 많이 한다.[26]

남성은 여성보다 자동차 사고로 사망할 확률이 2.5배 이상 높으며, 이 수치는 모든 인종 집단에서 비슷하게 나타난다. 총기 관련 부상으로 인한 사망의 경우 인종 집단 간에 주목할 만한 차이가 있다. 유럽계 미국인의 경우, 남성이 여성보다 총기로 인해 사망할 확률이 5.5배 더 높으며, 아프리카계 미국인 남성은 약 10배, 그리고 히스패닉계 미국인 남성은 14배 더 높다. 살인으로 인한 사망률 통계에서도 젠더 차이가 현저하게 나타난다. 유럽계 미국인 남성은 유럽계 미국인 여성보다 살해될 확률이 약 2.5배 더 높다. 히스패닉계 미국인 남성의 경우는 5배, 아프리카계 미국인 남성은 약 7배 더 높다. '거물'이 되려는 열망은 제로섬 게임에서 치명적인 결과를 가져온다.

자살 통계에서도 젠더간 차이가 나타난다. 여성은 자살을 시도할 가능성이 더 높고, 남성은 자살에 성공할 확률이 더 높다. 이러한 젠더 차이가 생기는 주된 이유는 남성이 권총 자살이나 목매달기, 높은 곳에서 뛰어내리기 같은 더 치명적인 방법을 선택하는 경향이 있기 때문이다. 이와 대조적으로, 여성들은 약물 과다 복용같이 더 '조심스러운' 방법을 선택하는 경향이 있다.[27] 고정관념에서처럼 여성은 자신의 시체가 어떻게 발견될지와 다른 사람의 감정을 고려한다고 볼 수 있다.

LGBT 하위 집단의 자살 시도 통계를 보면, 이 집단이 이분법적 세계에 적응하지 못함으로 인해 추가적인 압박을 받고 있음을 알 수 있다. 미국에서 일반 인구의 자살 시도율은 약 4.6%이지만, LGBT인 사람들의 자살 시도율은 급격하게 높아져서 10~20%에 이른다. 하지만 트랜스와 젠더논컨포밍인 사람들의 자살 시도율은 41%이다. 가장 높은 수치는 트랜스 남성에서 나타났는데 자살 시도율이

46%에 이른다. 상위 범주에 있는 연령과 민족을 살펴보면, 연령이 낮을수록, 그리고 백인보다 유색인 사람들이 자살을 시도할 확률이 더 높다.[28] 앞서 살펴보았듯이 세계는 남성의 관점에서 이해되며 그런 점에서 힘의 불균형이 존재한다. 하지만 위의 수치에서 볼 수 있듯이 이러한 구분이 정확히 양분되어 나타나는 것은 아니다.

특권과 가부장제

젠더 역할 고정관념과 불평등을 이해하려면 권력 구조 관계의 체계를 고려해 보아야 한다.

젠더 차이

페미니스트 학자이자 운동가인 케이트 밀레트Kate Millett에 따르면, 젠더는 '성별이 지위의 범주에 속하고 정치적 영향력을 지니는' 체계이다. 이 체계는 가부장제를 말하는데,[29] 가부장제에서 남성은 권력이라는 특권을 지니며, 이를 흔히 '남성 특권'이라고 한다. '특권'은 그 자체가 스키마로, 종종 이 단어는 논쟁에서 마치 수사학의 수류탄처럼 던져진다. 사회를 젠더에 따라 구분하면, 여성 '집단'에 대한 불평등과 차별이 생겨난다. 그리고 부족한 자원을 배분할 때 남성 '집단'이 가장 혜택을 많이 받는다.[30] 공연 예술가인 로리 앤더슨Laurie Anderson은 산업화된 국가의 젠더 임금 격차에 대해 신랄하게 비판했다. '남자가 1달러 벌 때 여자는 63센트를 번다. 자, 50년 전에는 62센트였다. 이렇게 계속 운이 좋으면 여자는 3888년이 되었을 때 1달러를 벌 수 있다.'[31] 전일제 정규직 남자와 여자의 중위소득을 비교해보면 전 세계적으로 여자가 남자보다 18% 적게 번다. 하지만 젠더에 따라 일하는 방식이 주로 생산노동 또는 재생산노동으로 구분된다는 점을 고려하면 격차는 더 커진다. 생산노동은 소득을 창출하는 노동으로 일반적으로 가정 밖에서 수행된다. 재생산노동은 가정 내에서 이루어지는 노동으로, 음식 준비, 가사, 자녀양육 등 생존을 위한 조건을 재생산하는 것이다. 산업화된 국가와 개발도상국 모두에서 관례상 여성이 재생산노동, 봉사, 무급노동에 더 많은 시간을 할애한다. 반면, 남성은 생산노동과 유급노동에 더 많은 시간을 보낸다.[32] '여자가 하는 일'로 지정된 일은 언제나 당연한 것으로 여겨지고 제대로 평가받지 못한다.

가부장적 배당금

남성 '집단'이 동일한 젠더 질서를 유지해서 얻는 이점으로서 잉여 자원을 '가부장적 배당금'이라고 한다. 젠더 체계가 주는 혜택으로는 돈 외에도 권위, 존중, 봉사, 주택, 제도적 권력에 대한 접근, 정서적 지원, 섹스, 그리고 자신의 신체와 다른 사람의 신체에 대한 통제가 있다.[33] 하지만 남성이 얼마나 혜택을 받을 수 있는지는 사회 체계에서 그들의 위치에 달려있다. 일부 남성은 혜택을 많이 받지만, 어떤 남성은 적게, 또 일부는 전혀 받지 못한다. 케이트 본스타인은 젠더 권력 피라미드의 꼭대기에는 상상할 수 없을 정도로 부유한 소수의 백인 남성이 있다고 말했다.[34] 대체로 '특권'은 이분법적 방식으로 주어지지만, 억만장자 남성과 최저 임금을 받는 임시 계약직 남성 직원 사이에는 엄청난 차이가 있다. 가부장적 배당금이 반드시 남자에게만 해당되는 것은 아니다. 일부 여성도 유산이나 결혼을 통해 가부장적 배당금을 얻는다. 가사 노동이 직업으로 부상하면서 중산층 남성 파트너가 가사 노동을 더 부담하지 않고도 중산층 여성이 직장 생활을 할 수 있게 되었다.[35] 사회 심리학자인 로이 바우마이스터Roy Baumeister는 젠더 체계를 조사할 때 저지르는 실수는 남성 지배적인 피라미드의 꼭대기만 보고 바닥에 있는 '실패자들', 정확하게는 체계로 인해 실패한 남성을 간과하는 것이라고 말했다. 미국에서 수감자 중 93%는 남성으로 수감자의 대다수를 차지한다. 세계적으로 대다수의 정치범, 전사자, 노숙자, 그리고 가장 위험한 일을 하는 사람들이 남성이다.[36] 바우마이스터는, 여성을 착취하는 것뿐만 아니라 남성을 소모하여 젠더 체계가 번영한다고 주장했다.[37] '대담한 자가 이기는' 이 체계는 위험성과 보상이 크다. 보상으로는 권력, 부, 권위, 존중, 자율성, 자신의 신체와 다른 사람의 신체에 통제, 섹스 등이 주어진다. 간단히 말해서, 모든 욕구(동기)가 남성적 젠더에 포함된다.

위험한 임무

가부장적 배당금은 이분법적 젠더 체계에서 주요한 이해관계이며 가부장제를 옹호할 가치가 있는 것으로 만들어준다.[38] 대부분의 문화권에서는 위험성이 크고 보상이 큰 자리에 여성보다 남성을 훨씬 더 많이 배치하는 경향이 있다. 남자에게 주는 메시지는, 남자임을 증명하고, 위험을 감수하고, 죽도록 노력하라는 것이다. 그 결과 어떤 남성은 큰 보상을 얻지만, 어떤 남성은 삶을 망치거나 삶이 중단된다. 바우마이스터는 남성의 소모성을 보여주는 사례를 들기 위해 '여자와 어린이 먼저'라는 접근법을 채택한 타이타닉 호에서의 생존율을 검토했다. 그는 부유한 남성의 생존율(34%)이 가난한 여성의 생존율(46%)보다 낮았다고 지적했다.[39] 이 수치의 추가 분석에 따르면, 남성의 전체 생존율은 20%, 어린이의 생존율은 52%, 그리고 여성은 74%로 나타났다. 일등석 남성의 생존율은 32%로 삼등석 남성의 생존율 16%보다 두 배 더 높았다. 승무원의 수치를 비교해 보면, 여성 승무원의 생존율은 약 87%이며 남성 승무원의 생존율은 20%였다.[40] 바우마이스터는 진화론적 측면에서 자궁이 음경보다 더 가치 있다고 강력하게 주장한다. 따라서 '대부분의 문화에서는, 억압적이긴 하지만 여성을 위험으로부터 보호하고, 위험한 임무에 남성을 이용한다.'[41]

강간과 성폭행

소위 여성에 대한 보호에는 대가가 따르며, 이는 특히 여성 신체에 가해지는 권력과 연관이 있다. 평균적으로 전 세계 여성 중 약 1/3이 가까운 파트너에 의해 신체적 폭력이나 성폭력 또는 이 두 가지 모두를 겪는다고 보고되었다.[42] 잉글랜드와 웨일스에서는 시간당 성인 11명이 강간을 당하며, 이는 연간 여성 85,000명과 남성 12,000명에 해당하는 수치이다. 강간 범죄 중 약 90%가 피해자가 범죄 발생 이전부터 알고 있던 가해자에 의해 발생했다. 원하지 않는 접촉이나 성기 노출 같은 모든 성폭력을 포함하면, 이 수치는 거의 성인 50만 명으로 증가한다. 16세에서 59세 사이의 여성 다섯 명 중 한 명이 16세 이후 성폭행을 당했다. 전반적으로 성폭력 피해자 중 약 15%만 경찰에 신고한다.[43] 수치에 따르면 미국에서 트랜스젠더인 사람 중 절반(최대

2/3)이 성적 학대 또는 성폭행을 당하거나 신체적 폭행을 당한 적이 있다.[44] 2013년 유엔 지원으로 1만 명 이상의 남성을 대상으로 실시한 조사에서, 강간을 저지르는 가장 흔한 이유가 성적 권리를 행사하기 위해, 재미 삼아, 그리고 벌을 주기 위해서인 것으로 나타났다. 관련 요인으로는 공감 능력 부재, 음주, 이성애가 강조된 남성성, 여성에 대한 지배, 그리고 집단에 참여하기 위해서 등이 있었다.[45] 일부 분석에서는, 집단 강간을 저지른 가해자들은 강간을 병적인 것으로 보지 않고 집단 구성원들에게 자신을 증명하는 방식으로 여겼다. 또 집단 강간을 집단 내 결속력을 높이고 배척당할 것을 두려워하게 만들려는 방법으로 보기도 했으며, 부분적으로는 다른 존재를 가치 없게 만듦으로써 느끼게 되는 남성성, 그리고 개인적이고 집단적인 긍지를 개발하고 증명하는 방법으로 여기기도 했다.[46] 또, 남성들이 서로 벌거벗은 채 성적인 환경에 있으면서도 여전히 '계집애같이 굴지 마라'라는 규칙을 지킬 방법이기도 하다. 물론 남성들은 이 말에 동의하지 않을 수도 있다.

남성의 성적 권리는 3장에서 언급한 『화성 남자 금성 여자의 침실 가꾸기』처럼 여성이 사고 읽는 대중 심리학 서적에 명시되어 있다. 이성애 관계에서 섹스를 할 기분이 아닌 여성은 '섹스를 빨리 해치우는 것'에 대해 파트너에게 죄책감을 느낀다. 심리학자 웬디 스테인턴 로저스Wendy Stainton Rogers와 렉스 스테인턴 로저스Rex Stainton Rogers는 또 다른 자기 계발서인 『남자가 다림질하지 않는 이유Why Men Don't Iron』를 분석하면서 '이 책은 위험하게도 남자는 테스토스테론으로 인해 저항할 수 없는 충동으로 어쩔 수 없이 강간을 저지른다고 시사하는 것과 같다'고 주장했다.[47] 산드라 벰이 제시한 젠더 관점이 이 책에서 적용된다는 것을 쉽게 알 수 있다. 집단 강간의 분석 결과는 그 동기가 3장에서 설명한 남성성의 기본 원칙과 연관된다는 것을 보여준다. 학술적 측면에서 볼 때, 남성성의 기본 원칙은 '남성 패권주의'로 정의되며, 이는 사회에서 남성의 지배를 허가하고 여자와 '덜 남성적인' 남자의 복종을 정당화한다. 도움을 주기보다 해를 주는 많은 자기 계발서는 이러한 형태의 남성성을 귀중히 여기면서 남성들이 여성적인 측면을 포기하게 만드는 방법을 교묘하게 찾아낸다. 또한 다른 방식으로 남자가 되는 것은 폄하된다.

태도

우리의 두뇌는 반복되는 양식을 추구하고 이를 통해 우리는 젠더 역할 고정관념과 스키마를 확립한다. 인간 두뇌의 특징은 '끼리끼리 모인다'는 말로 표현할 수 있을 것 같다. 우리는 3장에서 권위주의의 개념, 권위주의와 이분법적 사고 간의 연관성, 태도의 기능을 살펴보았다. 여기에 내內집단, 외外집단의 개념, 즉 우리 아니면 그들이라는 개념과 후광 효과를 접목해보자. 이 모든 것이, 누군가가 동일한 표준에 따라 행동하지 않을 때 다른 사람들이 개인적으로 어떻게 받아들일지를 설명해준다. 이는 광범위한 의미를 가질 수 있는데, 만약 가족 내에서 한 개인이 '계층적이고 권위주의적이며 엄격한 태도를 보이고 있으며 지위를 의식하고 권력을 기반으로' 한다면, 그 사람은 다른 관계에서도, 그리고 사회와 정치 문제에 대해서도 비슷한 관점을 가지고 있을 것으로 예상할 수 있기 때문이다.

많은 심리학 연구에서 권위주의와 전통적인 젠더 역할에 상관관계가 있다는 것을 발견했다. 권위주의에서 높은 점수를 기록한 사람들은 전통적인 남성 이상형과 여성 이상형을 매력적인 것으로 여기며 미시적으로 정의된 젠더 역할을 고수하는 경향이 있다. 이는 연인 관계와 생활 방식 목표에도 역시 영향을 미친다.[48] 트랜스인 사람의 시민권에 대한 반대는 권위주의, 이성애주의, 두 가지 성별만 존재한다는 신념, 젠더는 생물학적 특징과 이성애주의를 기반으로 한다는 신념과 연관이 있다. 심리학자인 에드리언 펀함Adrian Furnham은 권위주의를 구성하는 특성 목록을 설명했다. 권위주의는 관례주의, 권위 수용, 규범을 위반하는 사람을 비난하는 경향, 그리고 약점이나 감상성의 거부로 구성된다. 게다가 권위주의는 범주적 사고(이분법적 사고), 다른 사람을 지배하려는 집착(권력과 강함), 바람직하지 않은 성행위에 관한 과장된 우려(동성애 혐오 포함), 전반적으로 적대적인 감정과 분노, 그리고 내적 감정과 충동을 외부로 분출하려는 경향(투사)과도 연관성이 있다.[49]

권위주의에서 높은 점수를 기록한 것은 전통적인 젠더 역할 정체성과 태도와 관련이 있다. 이러한 사람들은 여성과 관련된 정치적 문제는 덜 중요하다고 평가하고, 페미니스트와 여성이 사회에서 상대적으로 많은 권력과 영향력을 가진다고 평가했다. 또한, 권위주의는 임신 중절 반대를 주장하는 글에서도 드러났는데, 이러한 글에서는 전통적인 도덕성, 권위에 대한 복종, 그리고 임신 중절을 하려는 여성에 대한 처벌을 바탕으로 논거를 들었다. 마지막으로, 권위주의에서 높은 점수를 기록한 사람들은 생명권 옹호 집회에 참여했고, 결정권 옹호 집회나 여성 문제와 관련된 모임에는 참여하지 않았다.[50] 또 다른 연구에서 연구자들은 여성보다 남성이 동성애 혐오, 자민족중심주의, 그리고 우익 권위주의에서 더 높은 수준의 점수를 기록했다고 보고했다. 그리고 동성애 혐오에서 젠더 차이는 무시-회피 애착 유형dismissive-avoidant attachment styles에 따라 좌우되었는데, 특히 친밀감에 대한 두려움이 이성애 남성에서 나타나는 동성애 혐오 태도에 영향을 미치는 것으로 보였다.[51]

영화 '플레전트빌Pleasantville'은 1950년대 작은 마을에서 사람들이 정치적, 성적 각성을 하게 되는 과정을 놀라운 시각적 방식을 사용해 그려낸다. 게리 로스 감독이 언급한 영화를 전개시키는 주제는 "개인에 대한 억압은 더 큰 정치적 억압을 낳는다"는 것이다. 그는 "우리가 내면의 무언가를 두려워하거나 변화를 두려워할 때, 그러한 두려움을 다른 것에 투사하게 된다. 그러면 매우 추악한 사회적 상황이

전개될 수 있다"고 덧붙였다.[52] 권위주의는 때로 권위주의적 퍼스낼리티로 칭해지는데, 이러한 표현은 문제가 개인에게 있는 것처럼 보이게 만든다. 권위주의 인지 체계를 구성하는 경향, 특성, 태도, 의견들은 제한된 자원의 제로섬게임과 이분법적 체계와 관련해 이해될 수 있다.

맺으며

젠더 고정관념이 세상을 구조화하는 방법일지는 모르겠지만, 반드시 우리에게 좋은 것이라고는 할 수 없다. '진정한 남자'나 '진정한 여자'가 되는 것은 사실 건강에 해롭다. 질병의 발병에서 사망, 건강의 불평등과 체계 내 편견, 경제적 폭력과 성폭력을 모두 아울러 짧게 고찰한 결과들은 우리가 이분법 체계에 이의를 제기할 필요가 있음을 보여준다. 생물학적 필연성만으로는 젠더에 나타나는 이러한 차이들을 설명할 수 없다. 우리는 사회적 역할과 요인을 더 유심히 살펴봐야 한다. 고정관념에 따른 젠더 역할을 엄격하게 고수하는 것은 인간의 경험 폭을 좁히고 기회를 방해하며 더 완전한 삶을 이루는 데 장애물을 만든다. 우리 모두는 어느 정도 젠더 역할 고정관념의 인질로 잡혀 있으며 이룰 수 없는 이상에 대한 기대와 숨겨진 편견이라는 환영에 의해 조롱당한다. 점점 더 많은 연구자들이 신체적, 정신적 건강 문제의 원인으로 엄격한 젠더 역할을 지적하는 것은 놀라운 일이 아니다.

다음 5장에서는 젠더 역할에 영향을 미친 이야기들을 가볍게 살펴보고, 새로운 패러다임으로 나아가는 발걸음, 젠더의 대안적 방안에 대해 고민해보자.

05

젠더 이야기

4장에서는 인간미 없는 통계 수치와 젠더 고정관념의 어두운 면을 살펴보았다. 이제 5장에서는 젠더와 관련된 이야기들을 들여다볼 것이다. 이번 장에서는 인간의 창의성과 심리를 활용해 대안이 될 수 있는 젠더 스키마를 찾아내고, 그 속에서 우리가 번영을 이룰 방법에 대해 생각해볼 것이다. 5장 전반부에서는 유대 기독교 경전이 젠더 역할 고정관념과 이분법적 사고에 지속적으로 미친 영향에 대해서 논의할 것이다. 또한 동화, 공상과학 소설, 문화사의 재해석 같은 다른 이야기들을 살펴볼 것이다. 이 모든 이야기가 젠더 스키마에 영향을 미칠 수 있다. 그리고 이 장의 후반부에서는 새로운 젠더 심리학으로 나아갈 방안을 고민해보겠다.

의미 도출과 젠더

젠더는 문화적 풍요로움에 보탬이 된다.[1] 젠더는 책, 연극, 시, 노래, 그림, 영화, 그리고 TV 프로그램같이 사람들이 좋아하는 예술 작품에서 중심 역할을 한다. 역사적으로 예술은 젠더를 활용해 재미, 즐거움, 생각할 거리를 안겨주었다.[2] 셰익스피어의 연극에서 존 워터스John Waters의 영화에 이르기까지, 일본 전통 가면극에서 영국의 팬터마임에 이르기까지, 글램 록에서 힙합, 뉴 로맨틱에서 펑크, 야오이[3]에서 팬 픽션에 이르기까지 모든 작품에서 젠더는 핵심 구성요소이다. 인간의 창의성은 우리의 삶과 스키마를 색깔과 의미로 가득 채운다.

우리 모두가 스토리텔러이다. 우리는 모두 삶의 이야기를 가지고 있다. 우리의 이야기는 일직선의 단순한 내러티브가 아니다. 우리는 누구인지에 대한 감각과, 우리의 심리, 우리의 정체성을 전달하지만 다른 사람의 이야기 속에 우리가 어떻게 들어가는지에 따라 우리의 이야기는 다르게 해석될 수 있다. 사회학자 마이클 멀케이Michael Mulkay는 "모든 '사회적 행위'와 모든 '문화적 산물'의 '텍스트'는 다양한 의미를 창조해내기 위한, 즉 추가 텍스트를 창조하기 위한 원천이나 기회로 취급되어야 한다"고 주장했다.[4] 심리학자 웬디 스테인턴 로저스와 렉스 스테인턴 로저스는 "연구 보고서는 영화, 소설, 판타지만큼이나 인간의 의미 도출에 의한 산물이다"라고 말했다.[5] 상식, 대중 심리학, 학계 모두 젠더에 대해 다른 이야기를 한다. 이 책은 디스토피아 과학 단편 소설 『마이너리티 리포트Minority Report』를 암시하며 시작했다. 이 소설은 범죄를 사전에 인지하는 발전된 시스템에 대해 이야기한다. 젠더 또한 우리가 살아보기도 전에 우리의 삶이 계획되는 것과 관련이 있다. 뿐만 아니라 자아정체성과도 관련이 있으며, 공상과학 소설에서처럼, 우리가 '외계인과 타인들'과 맺는 관계를 이해하는 것과도 관련이 있다. 먼저 오늘날에도 사회적, 정치적 영향을 미치는 이른 시기의 의미 도출 사례부터 살펴보자.

우주론과 모호성

고전학자 리처드 호프만Richard Hoffman의 정의에 따르면, 거시적 관점에서 우주론은 '우주가 어떻게 생겨났는지에 관한 문화적으로 특화된 설명'이다.[6] 우리는 우주론이 모든 것을 아우르는 메타 스키마라고 생각할지 모른다. 초기 우주론들은 종교적 설명이었고, 주된 목적은 인간의 경험과 우주에서 인간의 지위를 이해할 수 있게 돕는 것이었다. 이러한 우주론들은 구조화된 체계를 강요했으며 이러한 구조화된 체계는 해당 문화 내 거주자들의 역할과 기능, 거주자들이 내부인, 외부인과 맺는 관계들을 규정했다. 이 체계에는 젠더 역할, 성과 섹슈얼리티에 대한 태도도 포함되었다. 영미 문학자 일레인 스캐리Elaine Scarry는 유대 기독교 경전이 "다른 어떤 언어적 텍스트보다 문명사회를 후원한 공적이 있다"고 말했다.[7] 유대 기독교 경전의 영향은 서양 심리학, 정신 의학, 의학, 법에서 여전히 찾을 수 있다. 이러한 교회법이 형법이 되었다. 즉, 신의 질서에 반하는 죄가 국가에 반하는 범죄가 된 것이다.[8]

우주론을 두 가지 유형으로 나누는 것이 도움이 될 것이다. (여기서도 또 다른 이분법이 적용된다.) 유대교, 기독교, 이슬람교 같은 일신론적 우주론에서는 신이 단 한 명이다. 힌두교와 같은 다신론적 우주론에는 여러 신이 존재한다. 이러한 유형의 우주론은 독특한 방식으로 세계를 구조화한다. 일신교는 흑백의 이분법적 관점에 의존하고 다신교는 다원적 관점에 의존한다. 일신론적 우주론에서는 인간과 신의 영역에 엄격한 경계가 존재하며 인간의 역할과 기능에도 엄격한 경계가 있다고 말한다.

히브리 경전의 창조 신화는 형태/공백, 밤/낮, 좋음/나쁨, 남자/여자 등 일련의 이원적 쌍에서 시작한다. 이와 대조적으로, 다신론적 우주론에서는 인간과 신의 영역 사이에 경계가 덜 엄격하고 인간과 신의 교류가 잦은 것이 특징이며 심지어 신과 인간 사이에 성교가 이루어지기도 한다. 다신교의 신 중에는 여성 신뿐만 아니라 남녀 모두의 신체 구조를 가진 (인터섹스) 신도 있다. 게다가 다신교에서 성은 일신교에서처럼 부정적인 힘으로 여겨지지 않으며, 고대 이집트와 가나안 종교에서 그랬던 것처럼 종교의식의 일부로 행해질 수도 있었다. 이로 인해 성과 젠더가 일상에서 조직되는 방식에 차이가 생겨난다. 일신교와 젠더 스키마는 남성 대 여성이라는 이분법을 제시할 가능성이 크다. 게다가 일신교 체계는 유대 기독교 경전과 마찬가지로 비정상적인 것이나 애매한 영역을 허용하지 않는다. 다시 말해 혼합이나 모호함이 있을 수 없다. 인류학자 메리 더글라스Mary Douglas가 『순수와 위험Purity and Danger』[9]에서 지적했듯이 구약의 성결법전[10] 전반에 나타나는 주요 주제는 경계의 완전성이다. 성스러운 것과 신성 모독인 것 사이의 구별은 고대 히브리인의 정체성에서 가장 중요한 요소가 되었고, 그 결과 '모호함을 나타내거나 구별을 깨뜨리는 모든 것이 금지되었다.'[11] 앞서 3장에서 논의한 서양 사상의 법칙과 생물학적 본질주의, 젠더 양극성, 그리고 남성중심주의 같은 산드라 벰의 젠더 관점들은 이러한 체계에 편안함을 느낄 것이다. 이와 대조적으로, 다신론적 젠더 스키마 체계는 젠더 모호성과 비정상적인 것에 대해 이보다 관대한 접근을 허용한다. 현대 용어로 말하자면 젠더퀴어에 해당할 수 있다.

또 다른 중요한 문제는 우주론에서 다른 종교의 신들에 어떻게 대처하는가 하는 점이다. 일신론적 스키마인 유대 기독교에서는 다른 종교의 신들을 적대적인 것으로 간주해 악이나 악마를 나타내는 다른 이름, 예를 들면 바알세불Beelzebub 같은 이름에 포함시켜 버린다. 히브리 신 야훼의 부인인 풍요의 신 아세라/아스다롯Asherah/Astarte은 철저하게 삭제당하고 심지어는 성별이 바뀌기까지 했다. 그녀의 신전인 성스러운 나무는 파괴되었고(신명기 12: 3~4), 그리스어 번역본에서 그녀의 이름은 단순하게 '나무groves'라는 뜻을 가지게 되었으며 남자 악마인 지옥의 대공작 아스타로드Astaroth로 남은 생애를 살았던 것으로 보인다.[12] 다신교가 초기 문명의 특징이었기 때문에 일반적 통념에 따르면 일신교는 진보를 나타낸다. 그러나 유대 기독교의 경우에 '진보'는 여신을 없애는 것이었다. 이는 다른 신들을 자신의 신전에 쉽게 편입시킨 다신교와는 대조적이다. 예를 들어 북미 원주민의 종교 체계에서는 아무런 문제 없이 예수 그리스도를 여러 신 중 하나의 신으로 받아들였을 것이다. 하지만 문제가 된 것은 유대 기독교에 하나의 신만 존재한다는 점이었다.[13]

유대 기독교 경전에서 말하는 일신론으로의 변화는 '상세한 해설'을 통해 분명한 경계를 확립한다는 의미였다. 이를 위해 모호함을 해결할 수 있는 완전히 새로운 여러 율

법이 만들어졌다. 성결법전은 '금지된 결합으로 인한 오염'을 다룬다.[14] 여기에는 음식, 밭에 심을 식물, 경작에 사용할 동물, 옷, 크로스 드레싱, 섹스에 이르기까지 모든 것이 포함된다. 성결법전은 힘든 환경 속에서, 가나안과 이집트와는 뚜렷하게 다른 문화적 정체성을 온전하게 지키기 위한 것이었다. 더글라스는 부정한(더러운) 것이란 단순히 사물이 계획된 '제 위치를 벗어난 것'을 의미한다고 주장한다. 나는 내 연구에서 그의 주장을 실험해보았다. 연구 결과에 따르면 참가자들은 전통적인 젠더 역할과 부합하지 않는 섹스 행위와 그러한 섹스 행위를 하는 사람을 더 부정한 것으로 평가했다.[15]

일신론인지 다신론인지에 따라 문화가 양분되었다는 말은 완전히 맞는 말은 아니다. 예를 들어 고대 그리스에서 여성은 시민으로 인정받지 못했기 때문에 젠더에 따라 양분화된 젠더 역할이 있었다. 이 사례를 볼 때 다신교에서 특히 성 표현과 관련해 남성 정체성의 행동 범위가 더 넓었다고 말해야 할 것이다. 그러나 북미 원주민의 문화를 분석해보면 기독교가 도입되면서 제3의 젠더인 '두 개의 영혼을 가진 사람'을 향한 태도가 숭배에서 수치스러움으로 바뀐다. 토착 문화에서 젠더가 표현되는 다양한 방식들은 유럽 정복자들이 보기에 종교적 열정이었기 때문에, 극도의 잔인성과 폭력으로 이를 억압하고 처벌했다. 더 오래된 여러 여행 기록(민족지학연구)에 따르면, 다른 문화권에서는 일반적으로 당시 유럽 기준으로 '유색 남성'이 백인 남성보다 더 여성적이었다.[16] 호프만의 분석을 뒷받침하는 실증적 근거라고 할 만한 것은 거의 없다. 하지만 내가 지도했던 한 학생의 졸업 논문이 이에 대한 잠정적인 근거를 제공한다. 이 연구는 아시아 학생들을 대상으로 일신론일 때와 다신론일 때 동성애적 행동과 이성애적 행동에 대한 태도를 조사했다. 참가자들은 동성애에 대한 부정적 태도(동성애 혐오), 독실함, 일신론을 포함해 여러 가지 심리 측정을 마쳤다. 참가자들은 일신교 집단(시크교도와 이슬람교도)과 다신교 집단(힌두교도)으로 나뉘었다. 집단을 나눈 근거는 일신교 척도를 기준으로 한 점수였다. 다신교 집단은 독실함에서 상당히 높은 점수를 기록했음에도 불구하고 동성애에 대한 부정적 태도를 평가하는 척도에서 상당히 낮은 점수를 기록했다.[17]

천생연분들, 반쪽들, 그리고 복수 대명사

오늘날에도 지배적이며 확고한 젠더 역할과, 섹슈얼리티에 대한 부정적 태도를 정당화하기 위해 성서의 창조론이 종종 언급된다. 아담과 이브의 이야기는 산드라 벰이 제시한 젠더 관점을 경전을 통해 은유적으로 표현한 것이다.[18] 그러나 인류는 다신론에서 출발했기 때문에 이러한 이야기들에는 흥미로운 자취가 남아 있다. 성서의 창조론 이야기에서 하나님God은 '엘로힘Elohim'이라는 단어에서 번역된 것인데 이 단어는 사실 남성 명사의 복수형이다. '엘로힘'은 문자 그대로 '신들gods'을 뜻하며, 신들, 여신들, 그리고 여타 신성시되는 존재를 포함할 수 있다. 창세기에서는 인간 창조에 관해 두 가지 이야기를 들려준다. 개정 표준역 창세기 1장 26~27절에서는 "그러자 (신들이) 가라사대 '우리의 형상을 따라 우리의 모양대로 (사람을) 만들고'…… 27. 그리하여 (신들이) 자신의 형상대로 (사람을) 창조하시되, (신들의) 형상대로 그를 창조하셨으며, 그들을 남자와 여자로 창조하시니라"라고 되어 있다.[19] 이 이야기는 원래 인간이 심리적으로나 육체적으로 양성이거나 간성이었다는 점을 내포한다. 오늘날 젠더퀴어인 많은 사람들이 자기 자신을 가리킬 때 남자나 여자를 지칭하는 단수 대명사를 버리고 '그들, 그들에게, 그들을' 같은 복수 대명사를 사용한다.

그리스 고전인 플라톤의 『향연Symposium』에서 희극 작가 아리스토파네스Aristophanes는 연회에 참석한 자리에서 왜 두 사람이 사랑을 찾았을 때 완전하다고 느끼는지를 설명하며 즐거움을 선사한다. 그의 이야기에 따르면, 원래 인간은 얼굴과 팔다리가 바깥쪽을 향하고 있는 이중의 몸을 가지고 있었다. 그리고 세 가지 성이 있었는데, 태양에서 내려온 이중 남성, 지구에서 내려온 이중 여성, 그리고 달에서 내려온 반 남성 반 여성이었다.[20] 이 태고의 인간들이 올림포스산으로 올라와 신들을 공격하려고 했기 때문에 제우스는 인간을 벌하기 위해 인간을 수직으로 반을 쪼개어 두 개의 분리된 존재로 만들었다. 인간은 본성을 되찾기 위해 자신의 반쪽을 찾아다녀야 하는 운명이 되었다. 창세기로 돌아와서, 두 번째로, 아담과 이브의 창조에 대한 이야기가 있다. 일반적으로 알려졌다시피, 먼저 아담이 창조되었고 아담의 갈비뼈로 이브가 창조되었다(창세기 2장

21~22절). 첫째, 아담은 인간을 가리키는 일반적인 용어로 '붉은 땅'을 뜻한다. 둘째, '첼라tsela'라는 단어는 이 부분에서만 '갈비뼈'로 번역이 되었다. 성경에서는 '첼라'라는 동일한 단어가 40번 사용되었는데 모두 '한쪽 면'으로 번역이 되었다.[21] 따라서 갈비뼈가 아니라 '한쪽 면'이라는 뜻으로 번역하면, 신들은 최초의 인간을 절반으로 나누었다고 볼 수 있으며, 이로써 더 평등주의적인 창조 신화가 만들어진다.

성배와 칼

역사학자이자 시스템 과학자인 리안 아이슬러Riane Eisler는 저서 『성배와 칼The Chalice and the Blade』[22]에서 크레타섬의 미노아 문명을 중심으로 역사 전반에 걸친 다양한 범위의 증거를 검토했다. 아이슬러는 선사 시대 인간들에게는 동업자 관계가 일반적이었다고 주장한다. 많은 자료에서는 여신 숭배와, 합의를 강조하는 문화와 문명에 초점을 맞춘다. 아이슬러는 상반되는 두 가지 인류 역사 모델을 제시한다.[23]

현대 세계의 사회는 지배를 기반으로 하며 칼의 힘으로 상징된다. 그 특징은 다음과 같다.

- 엄격한 하향식 서열 구조, 다시 말해 물리적, 심리적, 경제적 통제를 통해 유지되는 지배계층
- 인류의 절반이 다른 절반의 위에 존재하는 엄격한 서열
- 문화적으로 인정되는 학대와 폭력
- 지배와 복종 관계는 불가피하며 정상적이고 심지어는 도덕적이라는 신념

대안적 모델은 성배로 상징되는 사회이며, 그 특징은 다음과 같다.

- 민주적이고 평등한 구조
- 남녀의 동등한 동반자 관계
- 문화적으로 용인되지 않는 학대와 폭력(즉, 학대와 폭력이 제도화되거나 이상적이라고 여겨지지 않는다)
- 인간의 본성은 공감과 상호 존중의 관계를 뒷받침한다는 신념

아이슬러의 주장은 비대칭적 사회 구조가 불가피하다는 스키마에 이의를 제기하는 것이다. 그녀는 '가일라니 gylany'라는 용어를 만들었다. 'gy'는 여자를 뜻하는 'gyno'에서, 'an'은 남자를 뜻하는 'andro'에서 따왔다. 가운데 'l'은 해결한다는 뜻의 그리스어 'lyo' 또는 'lyein'에서 가져온 것이다. 서양에서 많은 관계가 동반자 모델로 전환된 것처럼 미래에는 사회가 합의를 기반으로 하는 가일라니를 토대로 구성되기를 바란다는 염원이 담겨있는 용어이다.

동화와 젠더

『마법의 사용The Uses of Enchantment』[24]에서 브루노 베텔하임 Bruno Bettelheim은 우리에게 익숙한 인기 동화의 초기 버전을 통해 동화의 의미와 중요성에 대해 논했다. 동화는 아이들이 세계에 대한 이해를 형성하고 혼란스러운 감정에 대처하도록 도와주었다. 많은 동화에는 성과 젠더에 대한 메시지가 담겨 있다. 동화에서는 예외 없이 아름다운 불운의 공주를 구하는 용감한 왕자가 주제이다. 정신분석가가 아니더라도, 『빨간 모자Little Red Riding Hood』 이야기에 담긴 의미가 갓 사춘기가 된 소녀에게 딴 길로 빠지면 피에 굶주린 늑대의 희생양이 될지도 모른다는 경고임을 알아차릴 수 있을 것이다.

수년에 걸쳐 동화는 내용이 수정되고 삭제되어 의미의 상당 부분을 잃어버렸다. 베텔하임은 『잭과 콩나무Jack and the Beanstalk』의 초기 버전을 자세히 살펴보았다. 『잭과 그의 거래Jack and His Bargains』에서는 소년에서 남자로 성장하는 어려움이 더 분명하게 그려지는데, 놀랍게도 전통적인 남근 중심의 남성적 젠더 역할 고정관념에 대해 다른 관점을 보여준다. 이야기 도입부에서 잭은 제멋대로인데다, 어려움에 닥친 그의 아버지와 가족에게 쓸모없는 아이로 묘사된다. 잭이 소를 팔기 위해 시장에 가는 길에 한 남자를 만나는데 그는 적을 무찌를 수 있는 마법의 막대기와 소를 바꾸자고 한다. 마법의 막대기를 사용하려면 '막대기, 일어나 공격'이라고 외치면 된다. 아니나 다를까, 화가 난 잭의 아버지는 막대기로 잭을 때리려고 했다. 그러자 잭은 마법의 막대기에 주문을 외쳐 아버지를 때리도록 했다. 그 후 잭은 두 마리의 소를 더 팔기 위해 시장으로 가는데, 길에서 만났던 남자를 다시 만나게 된다. 그리고 한 번은 아름다운 노래를 부르는 꿀벌을, 또 다른 한 번은 멋진 곡을 연주하는 바이올린을 사서 돌아온다. 그리고 많은 동화와 마찬가지로 공주의 마음을 얻기 위한 원정을 떠난다. 잭은 훌륭한 '막대 휘두르기'뿐만 아니라 유머와 성적 자제력을 보여주어 공주의 마음을 얻는다. 이 동화에서 꿀벌은 삶이나 노력의 달콤함을 나타내고 바이올린은 예술적 성취를 나타낸다. 전반적으로 이 이야기는 '막대기'만으로는 충분하지 않다는 점을 강조한다. 이 이야기는 남근 우월주의에 집착한 사춘기에서 시작해 더 광범위한 가치와 능력을 갖추면서 성숙하는 것으로 끝난다. 동기부여 이론인 매슬로우Maslow의 욕구단계Hierarchy of Needs에 따르면 음악적 재능과 유머는, 안전의 욕구와 기초적이고 생리적인 생존 욕구보다 더 높은 수준의 욕구이다. 피라미드의 맨 아래에서 맨 위로 이동할수록 생존 욕구는 약해지고 심리적 성장 욕구는 더 커진다.[25]

사회 과학 그리고 인간의 의미 도출

공상과학 소설이 흔히 영웅과 곤경에 빠진 처녀의 상황을 전형적으로 답습하기는 하지만, 일상적이지 않은 사회 관습과 언어 관습을 탐구할 가능성을 제공한다.[26] 웬디 스테인턴 로저스와 렉스 스테인턴 로저스는 1960년대부터 1980년대까지 공상과학 소설 장르를 대상으로, 인칭대명사를 포함하여 성과 젠더에 관해 당연시되는 가정을 탐구한 여러 작가를 찾아보았다. 1969년작 『어둠의 왼손The Left Hand of Darkness』에서 어슐러 르 귄Ursula Le Guin은 양성과 무성인 사람들이 거주하는 행성을 탐구하는데, 이곳 사람들은 주기적으로, 또 일시적으로 남성과 여성이 될 수 있다. 메리 젠틀Mary Gentle의 1983년작 『골든 위치브리드Golden Witchbreed』와 1987년작 『고대의 빛Ancient Light』에서 외계 종족은 젠더 중립적인 방식으로 자녀를 사회화한다. 산드라 벰의 연구에서도 젠더 스키마 없이 아이를 양육하는 것이 주요 목표였다.

통신과 정보 기술이 확산되면서 더 이상은 글을 통제하는 사람들에 의해 우리의 세계관이 결정되지 않는다. 서양

문화권에서는 정보를 여러 출처에서 얻을 수 있으며, 특히 인터넷은 지식의 민주화를 가져와 인터넷 사용에 제약이 없는 사람들에게 혜택을 주었다. 인터넷은 대안적 현실을 창조해 내고 생각해 볼 기회를 제공하며, 젠더와 섹슈얼리티에 대한 우리의 이해를 조정하는 효과가 있다. 인터넷 자료 중에서 어떤 것은 전통적인 이분법을 강화하고, 또 어떤 것은 보편적 '지혜'를 뒤집으려고 시도한다. 사이버 세상에서 우리는 '외계인과 타인들Aliens and Others'처럼 행세할 수 있다. 팬 픽션을 통해 '엑스맨X-men'의 마그네토와 자비에 교수[27]와 같은 허구의 인물을 주인공으로 그들의 애증 관계를 다룬 자기 자신만의 이야기를 만들 수 있다. 또한, 이 배우들의 은밀한 관계를 상상하며 일본 야오이(남자들 간의 관계를 주제로 십대 여성 독자를 겨냥해 만든 만화책)가 연상되는 장면을 만들 수도 있다.

모순적이게도 '디지털' 기술의 발전으로 인해 정체성에 관한 '아날로그적' 견해를 탐구할 수 있는 토대가 만들어졌다. 가장 이상적인 경우, 인터넷은 젠더 정체성과 관계들의 한계선을 시험할 수 있는 무한한 기회를 제공할 것이다. 최악의 경우, 인터넷은 양극화된 파벌들이 칼을 휘두르며 자신들만 '역사의 올바른 쪽'에 있다고 주장하는 전쟁터가 될 것이다. 그렇다면 우리는 여기서 어디로 가야 할까?

새로운 젠더 심리학을 향하여

우리는 새로운 젠더 패러다임을 눈앞에 두고 있는 것일까? 아니면 오래된 패러다임을 계속해서 만지작거리는 것일까? 아니면 새로운 패러다임에서 살고 있을까? 우리는 뒤로 퇴보하고 있나? 앞으로 전진하고 있나? 아니면 옆길로 새고 있는 것일까?

5장 전반부에서는 공통점이 없을 것 같은 이야기들을 모아서 살펴보았다. 모든 이야기가 젠더 재해석의 어려움을 잘 보여주었다. 일신론과 다신론의 구분은 이분법적 젠더와 젠더퀴어 사이의 긴장관계와 비슷하다. 어떤 사람들에게는 진보의 발걸음이 될 수도 있고, 또 다른 사람들에게는 혼돈으로 치닫는 것이 될 수 있다. 아담, 이브, 아리스토파네스를 결합한 장난스러운 창조 신화의 재해석은 남성중심주의에 대한 도전이다. (그리고 젠더가 재미있어야 한다는 점을 상기시키기도 한다.) 『책과 콩나무』의 초기 버전은 덜 남근중심주의적이며 남성적 젠더 고정관념에 대한 도전이다. 승자 아니면 패자, 강자 아니면 겁쟁이라는 식의 사람들에게 악영향을 주는 방식을 거치지 않고 그냥 남자를 보여주는 글은 없을까? 성배와 칼이라는 은유가 앞으로 나아갈 수 있는 대안적인 모델을 제시한다. 우리는 귀 기울일까, 이야기할까? 우리는 합의를 사용할까, 지배를 사용할까? 지나가 버린 세계나 공상과학 소설의 비현실적 세계, 팬 픽션 이야기들이 대안을 생각해 볼 수 있는 기회를 제공하며, 이러한 대안과 관련해서는 인칭대명사 같은 언어의 효과도 고려해 볼 수 있다. 신사 숙녀 여러분이라는 말이 구식이 되어버린 세계에서, 우리는 그he일까, 그녀she일까, 남녀를 통칭하는 그ze, xe일까, 그들they일까?

여러 면에서, 젠더 정치를 둘러싸고 나타나는 경쟁들은 학문으로서의 심리학에 나타난 변화들과도 유사하며, 특히 페미니즘이 직면한 어려움과도 대적할 만하다.

남성 주류의 회복

학문으로서 심리학은 종종 마지못한 반응을 보이며, 심리학이 의식적 또는 무의식적으로 실세계에서 불러들인 여러 편견을 다루었다. 주류 관점은 흔히 '남성 주류' 관점으로 불리기도 한다. 초기 시도들은 심리학 체계를 수정해 여성과 소외된 '타인'들을 포함하는 것에 초점을 두었지만, 심리학은 여전히 남성중심적 학문으로 머무르며 기본 기준점인 남성성과 이성애에 초점을 맞추었다.[28] '여성 문제'는 부록 같은 것이었다. 한편 페미니스트 심리학은 근본적인 도전을 제시하며 '새로운 지식 습득 방식'과 의미 도출에 중점을 두었다. 여기에는 무엇이 지식을 구성하는지(인식론)에 대한 도전, 심리학자가 증거를 확보하기 위해 사용하는 방법과 접근법에 대한 도전(조사 방식), 그리고 연구되는 주제와 문제에 대한 도전(소재)이 포함된다.[29] 페미니스트 심리학은, 여성, 남성, 또는 '완전히 다른 무엇'이 된다는 것의 의미에 대해 완전히 급진적이고 새로운 해석을 제시하며 LGBTQI+ 관점을 위한 심리학적 토대를 마련했다. 페미니스트 심리학 연구에 따르면 남성성은 다양하게 존

재하고, 여성 남성성도 있으며, 젠더 범주의 바깥이나 건너편, 젠더 범주를 초월하는 사람들도 있다.[30]

하지만 대중 심리학은 이에 보조를 맞추지 못하고, 여전히 남녀의 '역할, 막대와 구멍' 유형의 젠더를 옹호해가며 행성에나 비유하는데, 이러한 비유는 고대 그리스인의 비유보다도 덜 계몽적이고 덜 포괄적이다. 심지어 신경과학에서도 우리의 두뇌가 흑백으로 나뉘는 게 아니라 모자이크에 가깝다고 밝히고 있다. 웬디 스테인턴 로저스와 렉스 스테인턴 로저스의 말에 따르면 '모두가 일종의 포스트모던 축제를 아주 제대로 즐기고 있는 것'이다. 하지만 '만약 모든 것이 유동적이라면, 우리가 새로운 남자, 새로운 여자, 새로운 관계들로 구성된 세계에서 살고 있다면, 그렇다면 우리가 어디로 향하고 있는지, 어디로 가야 하는지를 아는 것이 가능하기는 할까?'[31] 젠더가 미치는 더 큰 영향들은 무엇일까? 젠더는 우리가 우리의 신체, 개인적 심리, 우리의 관계를 바라보는 방식 이상의, 훨씬 더 광범위한 영향을 미친다. 그러나 우리가 고정관념을 사용할 수 없다면 어떻게 세상에 대한 이해를 형성할 수 있을까? 성적 끌림의 결과는 무엇일까? 우리가 모두 '중성 로봇'이 되어 인류의 종말이 시작되는 것일까? 그러나 미래에 어떻게 될지보다 더 중요한 것은 현재 무슨 일이 벌어지고 있느냐이다. 우리는 모두 함께 진보하고 있는 것일까, 아니면 뒤처지는 사람이 있을까? 남성 특권에 관한 논의는 젠더 관계의 변화로 남자만 영향을 받는 것이 아니라는 사실을 가려버릴 수 있다. 또한 래윈 코넬과 레베카 피어스Rebecca Pearse가 경고한 것처럼 젠더 관계의 변화는 여성에게도 위협이 된다. '임박한 변화들이, 사람들이 소중히 여기는 자신에 대한 이미지, 개인적 관계에 대한 가정들, 사회적 구현, 그리고 일상적인 행동 습관에 혼란을 가져올 수 있기 때문'이다.[32] 새로운 패러다임은 목적과 부합해야 하며, 구 세계관에 의해 억압된 사람들을 새롭게 억압할 수 있는 방식들은 피해야 한다.

이분법적 젠더를 극복할 수 있을까?

우리는 어렸을 때 젠더에 대한 개념 없이 삶을 시작한다. 젠더 일관성을 인정할 때 즈음 우리의 관점은 양극화된다. 이렇게 확고한 관점은 남성보다 여성에게 좀 더 느슨하게 적용된다.[33] 청소년기가 되면 우리는 상황에 맞춰 '자아 찾기'에 착수하고 자신만의 정체성을 만들어 나가기 시작한다. 젠더 순응성과 젠더 가변성에 대한 가능성들은 같은 문화 안에서, 그리고 서로 다른 문화 사이에 큰 차이가 있다. 3장에서 우리는 양성성의 개념에 대해 살펴보았다. 양성성은 강하고, 주도적이고, 주요 역할을 하는 (남성적) 특성과 표현적이고 보살피는 (여성적) 특성을 동시에 구현할 수 있다는 개념이다. 하지만 앞서 논의한 것처럼 양성성의 초기 개념적 해석들은 여전히 남성적 특성과 여성적 특성을 구분했고 남성적 특성이 더 긍정적으로 여겨졌다. 또한 양성성은 힘의 불균형과 가부장적 배당금으로 인한 금전적 불리함을 해결하지 못했다.[34] 돈과 권력은 젠더에 따라 달리 주어지는 경향이 있다.

마틴 로스블래트의 『성의 인종차별』과 같이 젠더 범주를 재구성하려는 다른 시도도 있었다. 이 책은 젠더와 성 정체성을 색으로 표현한 패러다임을 제시한다. 로스블래트는 이를 두고 '객관적이고 생식기에 감염되지 않은 요소에 의한 성 정체성의 해체'라고 설명한다.[35] 이 '색 어휘집'은 정체성의 삼원색 요소들의 상호 작용으로 만들어진다. 결과적으로 능동성은 노란색으로, 수동성은 파란색으로,

에로티시즘은 빨간색으로 표시된다. 개인은 세 가지의 7점짜리 척도로 자신을 평가할 수 있는데, 이 척도는 343개의 고유한 색깔로 표현된 젠더/성 정체성을 제공한다. 사실 이는 성적인 측면의 양성성이며, 실제로 이 체계가 남성성은 공격성, 여성성은 수동성으로 연상되는 만연한 젠더 고정관념을 극복할 수 있을지 의심스럽다. 또한, 성 행동을 향한 태도에 적용되는 이중 잣대에서 벗어나지 못할 수도 있다. 다양한 색깔이 많이 존재하지만 이들이 어떻게 서로 어울릴 수 있을지에 대한 실질적인 체계가 없는 상태로 남게 될 수도 있다. 물론 모두가 색깔로 표시될 수는 있지만 일상생활에서 그 색깔을 어떻게 이해할 수 있을까? 게다가 양성성과 마찬가지로, 이러한 체계는 나이, 계층, 사회문화적 요소에 따른 힘의 차이를 모호하게 한다.[36] 그러나 여기에 힘과 가부장적 배당금을 측정하기 위한 척도를 추가하는 것은 '쟁점을 흐리게 만드는 것'이다. 로스블래트의 다색 시스템은 한계는 있지만, 성과 젠더에 관한 논의를 불러일으키는 데 여전히 유용하다.

산드라 벰의 연구는 대부분 젠더 스키마 없이 아이를 양육할 가능성에 중점을 두었다. 문제는 성인의 이분법적 관점에서 어린아이의 행동을 해석하지 말아야 한다는 점이다. 남자아이가 인형을 가지고 놀 수도 있고 여자아이가 자동차를 가지고 놀 수도 있다. 남자아이와 여자아이 모두 자라서 부모가 될 수도 있고 그중 한 아이만 부모가 될 수도 있다. 두 아이 모두 자라서 자동차를 운전할 수도 있고 그중 한 아이만 자동차를 운전할 수도 있다. 남자아이가 인형을 가지고 놀거나 여자아이가 자동차를 가지고 노는 것이 반드시 젠더 혼란의 징후는 아니다. 아이들은 그저 노는 것뿐이다. 옷 입히기 놀이는 단순히 옷 입히는 놀이일 수 있다. 모든 어린아이는 어떤 시점에는 젠더에 대한 관점이 정해지지 않은 상태에 있다. 양극화된 세계에서 '반대편'이라는 상황을 떠올리지 않는 것이 이상한 일일 것이다. 우리가 알 수 있는 것은, 성인이 되어 젠더에 얽매이지 않는 직종에 종사하는 사람이 비전통적 젠더 스키마를 표현하는 경향이 있다는 것이다.[37] 이는 부분적으로, 다른 방식의 젠더 행동을 하는 것이 어떤 상황에서는 더 적합할 수 있다는 점을 인정하는 것이다. 한 개인이 어떤 상황에서는 남을 돌보는 행동을 하면서도 합리적이고, 다른 상황에서는 자기주장이 강하면서도 섬세할 수 있다.

래윈 코넬과 레베카 피어스에 따르면, 우리는 앞으로 양자택일의 젠더 대신 '심리적인 젠더 차이와 유사성에 대한 그림을 얻게 될 것이며, 이러한 차이와 유사성은 고정되고 오래된 종種의 상수가 아니라 변화하는 사회에 사람들이 적극적으로 대응하며 만들어진 변화하는 산물이다.'[38] 이러한 관점에서 양성성은 현대 세상에 적합한, '심리적 통합'[39]을 다르게 표현하는 단어일 수 있다. 그리고 양성성은 인지적 유연성과 적응성에 관한 것일 수 있다. 문제는 양성성이 어떻게 남성중심적인 직장에 침투할 수 있느냐 하는 것이다.

심리학 속의 양성성

정서 지능EI의 개념은 연구자들 사이에 논쟁을 불러일으키는 주제이다. 정서 지능을 옹호하는 연구자들의 주장에 따르면, 정서 지능은 모든 질병을 치료할 만병통치약이며, 사회관계 개선, 성공적 관계 확대, 대인 공격성 감소, 학업 성취도 향상, 협상 능력 향상, 심리적 행복감 증진, 삶의 만족도 향상, 자존감 향상, 불안감 감소, 우울증 감소에 긍정적인 영향을 준다. 또한 정서 지능은 건강과 관련해 잘못된 선택이나 행동을 하지 않도록 도와준다. 더불어 정서 지능의 옹호자들은 정서 지능이 대중 심리학에 속한다는 일반적인 주장을 비난한다.[40] 하지만 다니엘 골먼Daniel Goleman이 제시한 정서 지능은 비즈니스 세계에서 긍정적인 반응을 얻었고 이제는 모든 훌륭한 지도자에게 '꼭 필요한 것'으로 여겨지게 되었다. 골먼의 다섯 가지 구성 모델은 개인적 역량과 사회적 역량의 두 가지 범주로 나눌 수 있다. 개인적 역량은 자아 인식, 자기 조절, 동기 부여 능력이다. 사회적 역량은 사회성 기술과 공감 능력이다.[41] 개인적, 사회적 역량과 더불어 설정된 목표가 있다면 양성성에 가까워진다. 심리학에서는 상대적으로 새로운 이 개념에 관한 연구가 많이 진행되지는 않았다. 하지만 비즈니스 세계에서는 정서 지능이라는 개념이 여성에게 더 공평한 경쟁의 장을 제공할 것으로 보인다. 다니엘 골먼은 지도자로서 여성이 가진 이점을 보여주는 데이터가 등장하고 있지만, '이러한 연구 결과를 현명하게 사용하는 방법은 지도자로 적합한 여성을 찾는 것이다'라고 하며 다음과 같이 덧붙였다.

이러한 연구 결과를 해석하는 데 핵심적인 문구는 '평균적으로'이다. 정서 지능 같은 행동에 대해 남자와 여자를 비교하면 항상 두 개의 중첩되는 종형 곡선이 도출되고, 여자의 평균이 남자의 평균보다 높게 나타난다. 하지만 이 곡선이 중첩된다는 사실은 어떠한 남자라도 여자만큼이나 목표를 성취하고 팀워크를 실현하는 데 효율적일 수 있다는 의미이다.[42]

따라서 핵심적인 말은 '적합한 여성, 어떠한 남자라도'이다. 여기서 중요한 변화는 전통적으로 남성적 특성으로 여겨졌던 리더십이 '성배에 가깝고 칼에서는 멀어지는' 방식으로 재정의되었다는 것이다. 가치와 목표가 가일라니 gylany 쪽으로 옮겨가게 되었고, 전통적으로 여성적인 것으로 분류되었던 특성들이 이제 성공과 연계되고 있다.

전반적으로 더 포괄적인 주제를 다루려는 움직임이 심리학에 나타나고 있다. 심리학적 접근법의 하나인 긍정 심리학은 보편적인 의미에서 인간의 긍정적 심리에 초점을 맞추고 연구한다. 긍정 심리학은 '개인과 공동체가 번영할 수 있게 하는 강점을 과학적으로 연구'하는 심리학으로 정의된다.[43] 전통적으로 심리학은 분노, 두려움, 공격성 같은 부정적인 감정에 더 많은 관심을 보였다. 긍정 심리학 분야에서 가장 잘 알려진 저서로는 마틴 셀리그만Martin Seligman의 『낙관성 훈련Learned Optimistic』과 『진정한 행복Authentic Happiness』으로, 후자는 장점, 가치, 그리고 일을 중점적으로 다루었다. 미하이 칙센트미하이Mihaly Csikszentmihalyi의 『몰입Flow』은 최적의 정신 상태, 구어체 표현으로는 '몰입 상태에 있는 것'에 관한 연구이다.[44] 바바라 프레드릭슨Barbara Frederickson은 긍정적 감정의 '확장 및 구축 이론'에서 긍정적 감정이 의식을 넓히고, 새롭고 다양한 탐구적 사고와 행동을 장려한다고 주장한다. 시간이 흐르면서 이 확장된 행동 목록은 기술과 자원을 구축한다. 프레드릭슨에 따르면 긍정적인 감정은 오래 지속되는 심리적, 지적, 신체적, 사회적 자원을 개인이 구축하도록 해 준다. 간단히 말해 긍정적 감정 상태는 우리가 더 광범위하고 더 창의적인 행동 목록을 활용할 수 있게 해 준다는 것이다. 스트레스를 받게 되면 우리의 초점은 전형적 이분법적 반응인 생존을 위한 투쟁-도피 반응으로 좁혀진다. 신뢰 구축에 대한 나의 접근법은 프레드릭슨의 이론에 크게 영향을 받았으며, 두 가지 핵심 원칙에 기반을 둔다. 첫째, 나는 지배를 목표로 하는 '공작새' 같은 허세보다는 느긋함에서 신뢰가 시작된다고 주장한다. 둘째, 우리는 다른 사람들에게 신뢰를 심어주는 과정에서 우리 자신에 대한 신뢰도 높이게 된다. 젠더와 마찬가지로 신뢰 또한 관계를 통해 형성된다. 그리고 이러한 관점에서 신뢰는 선택받은 소수(전통적으로 남자)에게만 주어진 자질이 아니라 합의를 바탕으로 구축된다.[45]

확장 및 구축 이론은 우리가 젠더 정치를 어떻게 발전시킬지에 대한 중요한 통찰력을 제시한다. 합의나 순응을 통해서, 아니면 성배나 칼을 통해서 젠더 정치를 발전시킬 것인가? 우리는 이 책 전반에 걸쳐 인간의 가치관을 다루어 보았다. 이 가치관이 우리의 원동력이고 동기이며, 개인적으로 그리고 집단에서 우리 목표의 배경을 설정한다.

상향식과 하향식

소설, 동화, 그리고 영화에는 대체로 교훈이 담겨 있다. 표면적인 재미 이면에 또 다른 수준의 의미가 있다. 뿐만 아니라, 이야기의 다른 구조와 다른 해석도 존재한다. 어떤 사람에게는 특별한 힘을 지닌 돌연변이지만, 또 다른 사람에게는 다르다는 이유로 소외된 아웃사이더, 다시 말하면 LGBTQI+인 사람들이다.[46]

우리는 젠더라는 이야기에 맞춰 태어난다. 젠더는 '그냥 원래 그런 거야'라는 이야기이다. 젠더는 상향식이면서 하향식이다. 생물학의 사회적 해석이며 가치의 사회적 표현, 즉 '자연계의 질서'이다. 생물학적 본질주의, 남성중심주의, 권력 이 모두가 제한된 자원을 두고 벌어지는 제로섬 게임이라는 이데올로기 안에서 작용한다. 일상생활에서 이러한 시스템에 대한 도전은 조롱을 당하며, 이의를 제기하는 사람들은, 불길하게 들리겠지만, '제자리로 돌려놓아야 할 필요'가 있다. 타블로이드 저널리즘은 페미니스트가 '뚱뚱하고, 멜빵바지를 입고 있고, 남자를 싫어하고, 모든 사람의 흥을 깨려고 하는 70년대 유물'이라고 말한다. 이러한 캐리커처가 만들어진 이유는 18세기 후반 공식적으로 구체화되기 시작한 일련의 지식, 경험, 이해 전체를 무가치한 것으로 만들기 위해서이다. 서양에서 여성의 권리와 인권이 현저하게 향상되었으며, 남녀의 전쟁에서 대체로 여자가 승리한 것으로 보는 사람도 있었다. 그러나 계층적인 이분법 체계라는 맥락에서 보면, 향상된 권리는 약해지기 쉽다. 은행에서 촉발된 2007~2008년 금융위기 이후 가장 가난한 사람들, 특히 여성들이 큰 타격을 받았다. 영국 정부는 국민들에게 '우리 모두 위기 속에 함께 있다'는 긴축 사상을 전파하며 가장 취약한 사람들을 돕는 자선 활동과 사업에서 서비스와 재정 지원을 축소했다. 우리 중에 일부는 다른 사람들보다 더 심각한 '위기'에 처한 것처럼 보인다. 영국의 브렉시트 찬반 국민투표 이후 석 달 동안 동성애자 폭행이 147% 증가했다. LGBT인 사람에 대한 폭행은 최고 형량이 6개월로, 인종차별적 폭행에 부과된 최고 형량인 2년의 1/4에 불과하다는 점이 주목할 만하다. 평등 증진과 태도 변화는 불확실한 경제와 정치적 시기에는 일시적일 수 있다.

선구적인 페미니스트이자 자칭 '선의의 비판자'인 저메인 그리어는 평등이 다소 보수적인 목표라고 주장했다. 궁극적으로 평등은 남성과 동등한 것을 의미하는데, 이는 이분법 체계의 많은 부분이 모든 남성에게도 좋지 않다는 점을 간과한다. 그리어가 생각하기에는 억압적인 시스템에서 해방되는 것이 목표여야 한다.[47] 체계를 바꾸려는 노력이 성공하지 못했다고 해서 전면적 재고를 하는 방식은, 주류 심리학에서 페미니스트를 비평하는 방식과 유사하다. 그리어는 도발적인 저서 『완전한 여성The Whole Woman』에서 '해방 투쟁은 동화되는 것이 아니라 다름을 주장하는 것, 그 다름에 존엄과 위신을 부여하는 것, 그리고 이를 자기 인식과 자기 결단의 조건으로 주장하는 것'이라고 말한다. 저메인 그리어의 이러한 목표를 반박하기는 힘들지만, 그녀가 반발을 사게 된 부분이 있었다. 그리어의 견해는 핵심 어구만 효과적으로 사용하는 미디어 문화에는 적합하지 않다. 그리고 현재 일반적으로 받아들여진 '상호교차성 페미니즘'과는 대체로 맞지 않는다. 상호교차성 페미니즘에서는 인종, 나이, 섹슈얼리티, 계급, 장애 등 서로 교차점이 있는 사회적 정체성과 억압 체계를 모두 고려한다. 트랜스 여성에 대한 그리어의 견해로 인해, 그리어가 연단에 올라가 연설해서는 안 된다는 요구가 불거져 나왔다. '여성과 권력: 20세기의 교훈Women&Power: The Lessons of the 20th Century'이라는 제목의 연설에서 그리어는 트랜스 문제를 다루지 않았는데도 이러한 요구가 이어졌다.[48] 이 논란은 '진정한 여성'을 어떻게 정의하느냐를 둘러싼 것이었는데,

그리어는 트랜스 여성이 진정한 여성에 포함될 수 없다고 주장했다. 어떤 사람들은 (매우 이분법적인 방식으로) 그리어가 이러한 주장을 펼쳤기 때문에 그녀의 모든 발언과 저술이 가치를 잃었다고 생각했다.[49] 트랜스 운동가인 케이트 본스타인을 비롯한 젠더퀴어 작가들 역시 '진정한' 남성이나 '진정한' 여성이라는 것이 존재하는지 의문을 제기했다. 그들은 젠더 정체성을 둘러싼 어려운 질문을 페미니즘이 회피하지 않아야 한다고 주장했다. 예를 들면 젠더를 전환한 사람들이 계층 체계에서 특권이나 가부장적 배당금을 어떻게 얻고, 유지하고, 잃게 되는지 같은 질문이다.[50] 그러나 우리는 또한 젠더를 둘러싼 논쟁에 제재를 가하거나 침묵시킬 권한이 누구에게 있는지 질문해야 한다. 칼을 사용해서 독이 든 성배로 생각되는 것을 잘라내는 것도 여전히 칼을 사용하는 것이다. 영국 정치인 토니 벤Tony Benn이 제기한 권력과 민주주의에 관한 다섯 가지 질문을 생각해보는 것이 도움이 된다.[51] 당신은 어떤 힘을 갖고 있나? 그 힘을 어디에서 얻게 되었나? 당신은 누구의 이익을 위해 그 힘을 사용하나? 당신은 누구에게 책임이 있는가? 우리가 당신을 제거하려면 어떻게 해야 하나? 이 질문은 다른 사람의 권리와 신체에 대해 권력을 행사하는 사람이라면 누구에게라도 적용되며, 이러한 사람에는 자신의 견해를 피력하기 위해 연단에 서는 사람이나, 누군가를 연단에 서지 못하게 시도하는 사람도 포함된다. 서로 교차점이 있는 관점들이 직면하는 주요 문제 중 하나는, 너무나 많은 이분법이 상호작용하고 있기 때문에 이론에 의한 계층적 권력 피라미드 그 어느 쯤에 자신이 속하는지를 결정하기가 힘들다는 것이다. 이는 제한된 자원 체계로 하는 제로섬 게임인데, 삶이라는 구체적 현실은 추상적이고 독단적 의견들 사이에서 때때로 길을 잃을 수 있다. 앞으로 나아가기 위해 해결해야 하는 문제는, 한 정체성 집단이 권리와 자유의 균형을 이룰 때 다른 정체성 집단들이 이를 손실로 인식하거나 실제로 손실을 경험하지 않도록 어떠한 조치를 취해야 하는가이다.

몇몇 작가들은 젠더 정치학의 분석이 훨씬 더 광범위한 영향력이 있다고 주장한다. 코넬과 피어스는 젠더가 사회적 영향력과 상호관련적 영향력이 있고, 이러한 영향력이 국가와 세계로 확장되어 다른 경제권과 국가, 글로벌 관계에 영향을 미친다고 주장한다. 또한, 빈곤층 가운데 여성

비율이 높기 때문에 환경 변화가 젠더에 불공평하게 영향을 미친다고 주장한다.[52] 페미니스트 학자인 엘리자베스 굴드Elizabeth Gould Davis는 저서 『제1의 성The First Sex』에서 남성적 힘이 환경오염의 원동력이었다고 주장한다. 이러한 굴드의 주장은, 파트너십 신뢰 형성의 원칙을 친밀한 관계에 적용한다는 리안 아이슬러의 개념에 반영되었다. 1970년대에 에른스트 프리드리히 슈마허E. F. Schumacher는 『작은 것이 아름답다Small Is Beautiful: A Study of Economics As if People Mattered』를 펴냈다. 40년이 지난 지금까지도 그의 발상은 여전히 논의와 논쟁의 대상이다. 슈마허는 '클수록 좋다'라는 남성중심주의적 접근법에 도전하면서 더 인도적이고, 존엄하고, 민주적인 체계와 창조성을 활용하고, 낭비가 없는 체계를 옹호한다. 슈마허의 철학은 '항상 부족함(칼)'이 아니라 '충분함(성배)'을 기반으로 한다. 어떤 사람들에게 젠더 운동가인 케이트 본스타인은 지나치게 열정적으로 보일 수도 있다. 그녀는 저서 『나의 새로운 젠더 워크북My New Gender Workbook』에서 책의 부제목으로 '젠더 무정부주의와 성 긍정성을 통해 세계 평화 구축을 위한 단계별 안내서a Step-by-Step Guide to Achieving World Peace Through Gender

Anarchy and Sex Positivity'라고 선언한다. 이는 '가장자리를 조금씩 만지작거리는' 것이 아니라, 체계와 우리의 목표, 가치를 근본적으로 재검토해야 한다고 제안하는 것이다.

1990년대 발표된 한 연구에서는 우리가 진보하려면 떠오르는 세대, 즉 당시 18~34세인 사람들을 위한 새로운 의제를 만들어내야 한다고 주장했다.[53] 이 연구에서 제시한 결론을 보면서 당시 떠오르는 세대였던 사람들은 어떤 생각이 들까?

- **남성과 여성의 권리, 자유 사이의 균형을 재정의하기 위한 가치 검토** 이제 이 의제는 확대되어 다른 젠더와 정체성을 포함한다.
- **권리를 보장할 뿐만 아니라 다양성을 포용하는 전략 개발** 이 의제는 제로섬 게임 체계에서 교차점을 지닌 집단들이 직면한 주요 도전 과제이다.
- **새로운 경제 상황과 고용 및 직업의 새로운 향상의 맥락에서 젠더 역할 재고** 아니면 젠더 역할이 조금이라도 필요한지 또는 얼마나 많은 젠더 역할이 존재하는지 질문해야 한다.

- **사람들이 일하고 다른 사람들을 돌보며 만족스러운 삶을 살기 위해 욕구, 필요, 책임의 균형을 유지하도록 도울 수 있는 더 많은 지원 구조 제공** 하지만 2007~2008년 금융위기와 긴축 정책 이후 현재 체계에서 이 중 무엇이 우선순위가 될 수 있을지 분명하지 않다. 인지 과학자이자 정치 평론가인 노엄 촘스키Noam Chomsky는 "서양에서는 이제 다른 사람을 돕는 데 관심이 있는 것처럼 가장할 필요가 없다"라고 주장했다.[54]

촘스키는 "우리는 무엇을 해야 하나"라는 질문에 일반적인 대답을 했다. "테러리즘에 대해 우리는 무엇을 해야 하나?", 또는 "가짜 뉴스에 대해 우리는 무엇을 해야 하나?"는 질문에 대해 그의 대답은 간단하고 명료했다. "그것을 부추기지 마라."

우리는 언어를 사용해 연속성을 지닌 인간 경험을 좀 더 단순하고, 의미 있고 명쾌한 단위로 잘라 남자와 여자, 남성적인 것과 여성적인 것, 트랜스와 시스, 양성애자와 동성애자 같은 쌍으로 만든다.[55] 이 과정에서 중간에 있는 것은 편집해 버린다. 그런 뒤 다시 언어를 사용해 분리된 단위들을 연결하고 이들 사이에 관계성을 부여하려 한다. 우리가 매우 오랫동안 반복해 오고 있는 일들에 관한 이야기이다. 그렇다면 이 이야기에 대해 우리는 무엇을 할 수 있을까?

그 이야기를 멈춰라.

그 이야기를 부추기지 마라.

지식과 힘의 이야기

마지막으로 지식과 힘, 젠더와 힘의 역학을 알아보기 위한 생각과 질문을 제시하려고 한다.

『당혹한 이들을 위한 안내서A Guide for the Perplexed』에서 경제학자인 에른스트 프리드리히 슈마허[56]는 개인을 위한 네 가지 지식 분야에 대해 설명하며 이러한 지식이 젠더 정체성에 적용될 수 있다고 말했다. 네 가지 분야는 나 자신/세상, 외부의 것/내적 경험의 두 개의 쌍을 결합해서 만들어진다.

1. **나 자신 → 내면** 자아 인식, 즉, 감정, 생각, 그리고 선택적

주의. 의식적으로 주의를 기울인다.

2. **나 자신 → 다른 사람(내면)** 다른 사람들의 생각과 감정에 대한 인식, 그리고 동의하지 않더라도 '다른 사람의 입장이 되어 볼 수 있는 것', 즉 공감이다. 다른 사람을 이해하는 것은 먼저 자아 인식을 개발하는 것에 달렸다.
3. **다른 사람 → 나 자신** 자신을 객관적인 현상으로서 이해, 즉 다른 사람이 자신을 어떻게 바라보는지를 이해하는 것이다. 일반적으로 사람에 대한 지식을 네 번째 방식으로 얻은 경우 여기에서 유용하다. 다른 사람의 관점에만 초점을 두게 되면 자신이 무의미하고 무력하게 느껴진다. 반면, 자아 인식에 지나치게 집중하면 자신이 우주의 중심인 것처럼 느낄 수 있다. 균형을 이루려면 두 가지가 모두 필요하다.
4. **나 자신 → 세상** 외부 세상에 관한 과학적 연구, 즉 심리학, 사회학, 인류학 등이다.

슈마허는 우리가 첫 번째 분야인 자아 인식과 네 번째 분야인 외부 세상에 관한 연구에만 직접 접근할 수 있다고 지적한다. 그리고 네 가지 지식 분야를 모두 양성해야만 지식을 진정으로 통합할 수 있다고 말한다. 이는 외부의 것, 의미, 목적들이 균형을 이루는 것이다. 젠더 차이에 관한 증거는, 우리가 심리적 과정에 대해 알고 있는 것들을 고려하여 가늠해 보아야 하며, 우리가 심리적 과정을 거쳐 복잡한 환경을 단순화하고 세상에 대한 이해를 형성한다는 사실을 고려해야 한다. 또한, 젠더 차이에 관한 증거에는 인간의 인지 발달에 관한 지식도 포함되어야 한다. 이렇게 한다면 최소한 우리가 성급하게 이분법적인 결론을 내리거나 연속적인 것을 이분법으로 나누지 않으려고 주의하게 될 것이다. 이 네 가지 지식 분야를 사용하면 지식과 믿음의 차이가 강조된다. 진실 추구 이후에 나타난 감정적 관점을 중시하는 세계에서는, 개인의 감정과 인터넷 정보가 경험적 증거보다 더 중요시될까?

웬디 스테인턴 로저스와 렉스 스테인턴 로저스[57]는 지식을 구성하는 맥락과 지식과 힘의 관계를 탐구하기 위해 다음 질문을 던진다.

1. 누구의 지식인가? 누가 만들었나?
2. 왜 이런 방식으로 만들어졌나? 누구의 이익을 대변하

는가?

3. 누가 혜택을 보고 누가 손해를 보는가?
4. 이 지식으로 무슨 일이 생기나? 다른 지식이 수용되면 무슨 일이 생기나?

마지막으로 래윈 코넬과 레베카 피어스가 한 주장을 인용하고자 한다.

> 젠더 분석에는 여러 사람의 힘이 필요하다. 귀 기울여 듣는 능력이 필요하다. 분리주의로 빠지지 않고 인정할 수 있는 방법들이 있어야 한다. 젠더에 관한 지식은 거듭해서 숙고되어야 하고, 세계 정치에 나타나는 변화하는 젠더 역학을 반영해야 한다. 배우고자 하는 이러한 의지를 고려할 때, 젠더 이론과 연구가 더 민주적인 세계를 만드는 데 중요한 역할을 할 수 있다고 확신한다.[58]

맺으며

젠더 심리학의 미래는 인간의 창의력과, 이러한 창의력을 변화하는 대인관계들에 어떻게 반영할 것인가에 달려있다. 우리는 다양한 이야기가 우리의 젠더 관점을 어떻게 형성하는지, 그리고 이러한 이야기의 재해석이 젠더 관점을 어떻게 재형성하는지 살펴보았다. 새로운 젠더 심리학은 개인적, 사회적, 심리적 편견을 배제한 젠더화되지 않은 용어를 사용해 인간의 특성과 특징을 재평가하고, 계층적이고 남성중심적인 관점을 넘어설 다른 방안을 고찰할 것이다.

6장 결론에서는 주제를 한데 모으고, 해답을 찾기 위해 제기한 질문을 다시 검토할 것이다. 이러한 질문으로 인해 이 책의 정보가 젠더 관점에 어떠한 영향을 미쳤는지 개인적으로 고심해 보기 바란다.

06

진보-의미 있는 젠더

오스카 와일드의 말을 달리 표현해보면, "모든 [젠더]는 표면인 동시에 상징이다. 표면 아래로 가고자 하는 사람들은 위험을 무릅써야 한다."[1]

'책에 쓰인 대로' 한다고 할 때 어느 책을 참고하는지에 따라 큰 차이가 난다. 자기 계발서, 교과서, 역사책, 성서, 공상과학 소설, 아니면 동화책인지에 따라 모두 근본적으로 다른 세계관을 제시한다. 일상에서 젠더를 이해하는 데에는 책이 필요하다는 것조차 인정하지 않는다. 아마 몇몇 고급 패션 잡지 정도는 인정할지도 모르겠다.

젠더에 의문을 가지기는 쉽지 않다. 주로 젠더의 너무 많은 부분이 명백한 곳에 숨어있기 때문이다. 많은 사람들은 아예 질문조차 하지 않고, 그냥 그대로 내버려 두면 안 되냐고 한다. 어떤 사람들은 평생 의문을 제기한다. 젠더는 구전과 보는 것을 통해 전달된다는 독특한 전통이 있다. 이런 방식으로 젠더에 대한 옳고 그름이 전해져 내려온 이유는 '그냥 원래 그런 것이기' 때문이다. 젠더는 자기 잇속을 위한 폐쇄 회로가 되어 버리고, 표면 위에 있는 모든 것들은 자신들이 정당하다고 주장한다. 만약 이 점이 의심스럽다면 연하장을 판매하는 가게나 슈퍼마켓 연하장 판매 구역을 찾아가 보라. 젠더 고정관념은 큰 사업이다. 요람에서 무덤까지 인생의 중요한 순간들을 기념하는 분홍색이나 파란색 카드가 방대한 공간을 채운다. 우리는 마치 부모들이 모르고 있기라도 한 것처럼 부모들에게 '여자아이네요'나 '남자아이네요'라고 선언하는 듯한 카드를 보낸다. 그리고 마치 부모들이 잊어버리기라도 한 것처럼 매년 구두와 핸드백 또는 스포츠와 맥주병 사진으로 부모들에게 자식의 젠더를 상기시킨다. 심지어 장례식에도 젠더에 적합한 꽃이 따로 있다. 바라건대 무덤 위에 자라는 국화꽃이 제대로 된 색이길.

『젠더: 심리학으로 말하다』의 가장 중요한 목표는 표면 아래를 들여다보고, 숨겨진 가정들을 숙고하고, 이분법적 젠더 체계가 우리에게 어떤 영향을 미치는지, 혹은 영향을 미치지 않는지를 재평가하도록 하는 것이다. 이 책에서 제시된 내용은 누군가의 자아의식을 훼손하거나 세계의 근간을 흔들기 위한 것이 아니다. 우리는 어떤 상황과 맞닥뜨리게 될지도 모르면서, 서로 배타적인 두 개의 '비공개 회원제' 클럽 중 한 곳에 가입되어 있다. 분명 이 책은 젠더 집단의 규정집에 대해 비판적 관점을 제시하고 상황을 쇄신하기 위한 것이다. 이 책은 우리가 반드시 논의해야 하는 문제들을 조명한다. 또한, 젠더가 재미있을 수 있다는 사실을 상기시킨다. 이 책이 어떤 이들에게는 반가운 초대장이 될 수 있고 또 다른 이에게는 지나치게 앞서 나간 것이 될 수도 있다. 변화는 필연적이지만, 재미는 필수가 아니다.

우리는 많은 질문을 안고 출발했다. 인공지능AI 애플리케이션은 왜 여성화되었을까? 상식적인 견해대로 라면 여성이 남성보다 훨씬 더 잘 도와주기 때문이다. 그러나 연구 결과는 그와 다르게 나타났다. 스포츠는 왜 젠더에 따라 구분될까? 종목을 결합해 신체 크기에 따라 스포츠를 조직할 수도 있다. 단지 남성적인 자존심을 보호하기 위해서일까? 그보다는 우리가 세상을 단순화하기 위한 방식으로 이분법적 범주를 선호하기 때문이다. 이러한 이분법의 부정적 측면은, 세상을 내內집단과 외外집단으로 바라보는 경향이 불평등으로 이어질 수 있다는 점이다. 그러면 '다르지만 평등한 관점'은 지나친 포부일까? 우리는 현실적으로 낡은 체계에서 해방될 수 있을까? 새로운 체계, 새로운 패러다임은 어떨까? 어떤 모습을 하고 어떤 영향을 미치게 될까? 젠더 체계의 변화가 세상을 바꿀 수 있을까? 대중 심리학적 자기 계발서는 젠더 체계가 불가피하다고 선언한다. 그러면 우리는 삶의 부조리를 비웃으며 현 상황을 고수해야 할까? 우리는 돌이킬 수 없는 제로섬 게임에 갇혀 있는 것일까? 우리는 젠더 역할 고정관념의 포로인가?

개인 및 직업 능력 개발 코치로서 나는 고객들이 개인적으로 의미 있는 방식으로 목표를 가지고 발전하도록 돕고 있다. 종종 강점, 약점, 기회, 위협을 고려해 삶을 완벽하게 바꾸는 사례도 있다. 우리는 강점을 강조하고 기회를 극대화하며 약점을 관리하고 위협을 재평가한다.[2] 젠더는 모든 사람에게 영향을 미치기 때문에 이러한 과정을 피할 수는 없다. 이 책과 마찬가지로 코칭 역시 '만약'의 문제와 '아마도'의 문제와 자주 맞닥뜨리게 된다. 나는 고객이 한계를 극복하고 더 광범위한 선택지를 고려할 수 있도록 질문을 던짐으로써 고객들의 상상력에 호소한다. 이 책을 읽게 된 계기가 아마도 호기심이나, 학술 과제 때문에,[3] 자신의 젠더에 관한 질문의 해답을 찾기 위해, 아니면 다른 사람이 젠더에 관한 질문의 해답을 찾는 것을 돕기 위해서였을지 모른다. 아마도 이 책이 추가적인 탐구를 위한 발판에 지나지 않을 수도 있고, 이 책에서 정보 이상의 것을 얻었다고 생각할 수도 있다. 아마도 아무것도 변하지 않았을 수도 있다. 아마도 다음번에 젠더가 무엇이냐는 질문을 받으면 질문의 적절성에 대해 반문할 수도 있다. '아마도'가 너무 많다. 그러나 이것이 중요하다. '아마도'는 선택지이다.

젠더는 되는 것이자 속하는 것이다. 젠더는 개인의 정체성이면서 사회와의 관계이다. 따라서 젠더에 변화를 가져오기 위해 우리는 사회 속에서 우리의 위치를 재평가하고 재협상하고 재천명해야 하며, 우리와 같은 고민을 하는 다른 사람들과의 관계에 대해서도 같은 작업을 해야 한다.[4]

우리의 젠더는 영향력이 있다. 새로운 젠더 패러다임은 흑과 백, 옳고 그름, 승자와 패자의 구분을 넘어선다. 새로운 젠더 심리학은 우리가 태어난 순간 우리나 다른 사람이 예측할 수 없는 모호한 영역에 존재한다. 이러한 젠더 심리학은 역동적이고 협동적인 이해 형성 과정이다.

이미 던져진 질문이 많이 있지만, 케이트 본스타인의 말을 빌려 우리가 우리 자신의 이야기를 찾을 수 있게 도와줄 질문 몇 가지를 하고 이 장을 마무리하려고 한다.[5]

> 지금 알고 있는 것을 알고, 지금처럼 자기 자신에 대해 알고 있다면 여러분의 젠더는 무엇인가? 이에 대해 어느 정도의 발언권을 갖고 있나? 젠더 역할에 '방해가 되는' 것이 있나? 젠더 때문에 무엇이 거부되었나? 혜택은 무엇인가? 자신이 아닌 다른 사람의 젠더를 생각할 때 가장 매력적인 것 세 가지는 무엇인가? 그 매력 세 가지를 당신의 젠더 역할에 포함하면 어떻게 되나? 그렇다면 당신의 젠더는 무엇이 되나? 당신의 삶과 목표, 다른 사람, 사회, 세계 등에 미치는 영향은 무엇인가? 해답을 찾고 싶은 질문은 무엇인가?

계속해서 질문하고, 계속해서 다른 사람에게 이야기하고, 계속해서 귀를 기울여라.

태어난 것을 축하한다.

추신

잡지에 나오는 퀴즈 방식을 채택해 보았다. 이 책의 내용을 고려한 후 그 다음 할 일은 무엇인가?

1. 다른 일을 한다.
2. 상관하지 않는다.
3. 이 책에 대해 생각한다.
4. 하던 과제를 마무리한다.
5. 다른 책을 읽는다.[6]
6. 이 책의 마지막 단락을 모두 다시 읽어본다.
7. 위에서 말한 것 모두

감사의 글

책을 집필하기까지 도움을 준 모든 이에게 감사의 말을 전한다. 특히 인내심을 가지고 성원을 보내주고 건설적인 제안을 해 준 루트리지 출판사의 엘레노어 리디에게 감사의 마음을 전한다. 에이펙스 코밴티지의 알렉스 하워드와 팀원들, 그리고 크리스틴 코토네와 팀원들에게도 감사를 전하고 싶다. 이 책을 완성할 수 있도록 지원해 준 사라 백스터와 작가 협회에도 깊은 감사를 드린다.

수년 동안 나를 지지해 주고 항상 '내 이름을 추천'해 준 페트라 보인턴에게 특별히 감사를 표한다.

정신적, 기술적 지원을 아끼지 않고 인내심을 가지고 대해 준 후지사와 다케시에게 매우 감사의 마음을 전한다.

이 책을 넬리 플로렌스 부처와 클리퍼드 버트럼 부처에게 바친다.

주

01 남성과 여성, 그리고 또 다른 선택지

1 필립 K. 딕의 단편소설인 『마이너리티 리포트The Minority Report』는 범죄를 예측하여 범죄가 일어나기 전에 범죄자를 추적하여 체포하는 경찰 체제를 다룬다.

2 Plummer, K. (1996). Foreword: Gender in Question. In R. Elkins and D. King (eds.), *Blending Genders: Social Aspects of Cross-Dressing and Sex-Changing*. London: Routledge, p. xiii.

3 Burr, V. (1998). *Gender and Social Psychology*. London: Routledge, p. 2.

4 Connell, R. and Pearse, R. (2015). *Gender: In World Perspective*. Cambridge: Polity Press, p. ix.

5 Crawford, M. (1998). 'Mars and Venus': Gender Representations and Their Subversion. In *Proceedings of the International Conference on Discourse and the Social Order*, July, Aston University, Birmingham.

LGBTQ는 레즈비언Lesbian, 게이Gay, 양성애자Bisexual, 트랜스젠더Transgender, 퀴어Queer를 합하여 부르는 단어이다. 확대된 개념인 LGBTQIA에서 I는 인터섹스Intersex(간성), A는 무성애자Asexual 또는 앨라이Ally(성 소수자 지지자)를 일컫는다. 어떤 경우에는

Q가 퀘스처닝Questioning(자신의 성 정체성이나 성적 지향에 의문을 가진 사람들)을 말하기도 한다.

6 Rothblatt, M. (1996). *The Apartheid of Sex: A Manifesto on the Freedom of Gender*. London: Pandora.

7 See the British Psychological Society (BPS): www.bps.org.uk. See also the American Psychological Association (APA): www.apa.org/

8 See Rosnow, R. L. (1997). *People Studying People: Artifacts and Ethics in Behavioral Research*. New York: W.H. Freeman & Company.

9 여기서 논의하는 섹스의 범위는 사람간의, 적법하게 이루어지는 행위를 말하며 모든 당사자는 성적 자기 결정권을 가진 성인이다.

10 Wood, G. W. (2005). *Sex, Lies and Stereotypes: Challenging Views of Women, Men and Relationships*. London: New Holland.

02 성과 젠더

1 Connell, R. and Pearse, R. (2015). *Gender: In World Perspective*. Cambridge: Polity Press, p. 36.

2 Butler, J. (1990). *Gender Trouble: Feminism and the Subversion of Identity*. London: Routledge, p. 33.

3 Connell and Pearse (2015), p. 36.

4 Bem, S. L. (1993). *The Lenses of Gender: Transforming the Debate on Sexual Inequality*. New Haven: Yale University Press.

5 Bornstein, K. (1997). *My Gender Workbook: How to Become a Real Man, a Real Woman, the Real You, or Something Else Entirely*. London: Routledge.

6 '팔로센트릭(Phallocentric, 남근중심적)'이라고도 한다.

7 Garfinkel, H. (1967). *Studies in Ethnomethodology*. Cambridge: Polity Press.

8 뮐러관이 발달하면 여자의 생식기가 되고 볼프관이 발달하면 남자의 생식기가 된다.

9 외음부는 여성의 바깥 생식기관으로 질어귀(질전정), 대음순, 소음순, 음핵을 포함한다.

10 See also The Internal Clitoris on the Museum of Sex website: www.museumofsex.com/the-internal-clitoris/ accessed 31/5/2017.

11 Wood, G. W. (2005). *Sex, Lies & Stereotypes: Challenging Views of Women, Men and Relationships*. London: New Holland.

12 See Marcio, J., Jorge, N. and Wexner, S. D. (1997). Anatomy and Physiology of the Rectum and Anus. *European Journal of Surgery*, 16, 723-731, and Morin, J. (1998). *Anal Pleasure and Health: A Guide for Men and Women*. San Francisco: Down There Press.
요약: 항문과 그 주변 부위의 촉각 감각기관, 감각 섬유질, 근육, 신경 구조는 생식기와 직접 연결된다. 일부 신경 자극이 항문에서 오는 것인지 생식기에서 오는 것인지 구별하는 것은 불가능하다. 항문 자극에 성적인 의미를 두지 않는 사람이라도 상당한 정도의 감각을 느낄 수 있으며, 생물학적 성이나 성적 지향에 상관없이 오르가슴을 느끼는 동안 생식기와 항문 사이에 비자발적 상호 작용이 일어난다.

13 Wood, G. W. (2000a). The Achilles Hole: Gender Boundary Maintenance and the Anus. *Psychology of Women Section Review*, 2(2), 26-40; Wood, G. W. (2000b). *Intolerance on Ambiguity, Gender Stereotypes and Attitudes to Sexuality*. PhD Thesis, The British Library.

14 Rothblatt, M. (1996). *The Apartheid of Sex: A Manifesto on the Freedom of Gender*. London: Pandora; Basow, S. A. (1992). *Gender Stereotypes and Roles*, 3rd edition. Pacific Grove, CA: Brooks/Cole Publishing.

15 Plant, S. (1997). *Zeroes and Ones: Digital Women and the New*

Technoculture. New York: Doubleday.

16 Confirmed by Dr Neil Gittoes from Birmingham University, in preparation for my 2005 book *Sex, Lies & Stereotypes: Challenging Views of Women, Men and Relationships*. London: New Holland.

17 See Basow, S. A. (1992). *Gender: Stereotypes and Roles*. Pacific Grove: Brooks/Cole; 'Hormones', LiveStrong.com: www.livestrong.com/sscat/hormones/accessed 26/10/2017

18 모든 것은 가장 근접한 정수로 '반올림'된다. 우리는 모두 근사치인 것이다.

19 Blackless, M., Charuvastra, A., Derryck, A., Fausto-Sterling, A., Lauzanne, K. and Lee, E. (2000). How Sexually Dimorphic Are We? Review and Synthesis. *American Journal of Human Biology*, 12, 151-166. See also Intersex Society of North America: www.isna.org/faq/frequency accessed 31/5/2017

20 See The UK Intersex Association (UKIA): www.ukia.co.uk/ukia/dsd.html accessed 31/5/2017. Of the 48 people attending (by invitation) the conference, only two were people with intersex conditions.

21 See National Adrenal Diseases Association: www.nadf.us/adrenal-diseases/congenital-adrenal-hyperplasia-cah/ accessed 31/5/2017

22 'Nature abhors a vacuum' is attributed to Aristotle (384-322 BCE), philosopher and scientist. 'Nature and dichotomy' is from Rothblatt's (1995) *The Apartheid of Sex*.

23 Bem, S. L. (1989). *Genital Knowledge and Gender Constancy in Pre-School Children*, cited in Basow (1992), p. 124.

24 이러한 연구 결과는 젠더가 두 가지로 정해져 있다는 가정을 바탕으로 한다.

25 See Basow (1992).

26 프로이트는 그리스 신화에 심취했다.

27 대표적인 심리학자로는 앨버트 반두라Albert Bandura(1925~)가 있다.

28 대표적인 심리학자로는 장 피아제Jean Piaget(1896~1980)와 로런스 콜버그Lawrence Kohlberg(1927~1987)가 있다.

29 이러한 관점은 이분법적 분류를 초월하는 젠더가 훨씬 더 높은 수준의 인지 발달에 관여할 수도 있다는 점을 인정하지 않는다.

30 See Bussey and Perry (1982), cited in Basow (1992).

31 이것을 시험해보았는데, 현재 나는 '그레이젠더Greygender (Graygender)'로 등록되어있다. 시스젠더가 아님을 공언한 것으로, 트랜스/논바이너리 연속체 상에서 젠더 퀘스처닝과 젠더 퀴어 사이 어딘가에 위치한다. 케이트 본스타인의 도발적인 젠더 적성검사에서 나는 '젠더 무법자Gender outlaw'인 것으로 평가되었다. See Borstein, L. (1998). *My Gender Workbook*. London: Routledge.

32 See: www.transequality.org/issues/resources/transgender-terminologyaccessed 31/5/2017

33 First International Conference on Transgender Law and Employment Policy (1992) pamphlet. ICTLEP 1992. http://research.cristanwilliams.com/2012/03/19/1992-international-conference-on-transgender-law-and-employment-policy/ accessed 31/5/2017

34 LGBTQQIAPP+는 레즈비언Lesbian, 게이Gay, 양성애자Bisexual, 트랜스젠더Transgender, 퀴어Queer, 퀘스처닝Questioning, 무성애자Asexual, 범성애자Pansexual, 다성애자Polysexual 등을 '줄인' 말이다. LGBT 또는 LGBTQ+라고 줄여 말하기도 한다.
See Trans Student Educational Resources: www.transtudent.org/definitions accessed 31/5/2017

35 Bevan, T. (2014). *The Psychobiology of Transsexualism and Transgenderism: A New View Based on Scientific Evidence*. California: Praeger.

36 Bornstein, K. (2016). *Gender Outlaw: On Men, Women and the Rest of Us*. New York: Vintage, p. 85.

37 Connell, R. (2012). *Transsexual Women and Feminist Thought*, cited in Connell and Pearse (2015), p. 108.

38 Bornstein (2016), p. 86.

39 Gender Dysphoria leaflet (PDF) from the American Psychiatric Association.

40 Sam Killerman quoted in Steinmetz, K. (2014). *A Comprehensive Guide to Facebook's New Options for Gender Identity in Time Magazine*. See: http://techland.time.com/2014/02/14/a-comprehensive-guide-to-facebooks-new-options-forgender-identity/ accessed 31/5/2017

41 See Black, P. (2014). Will 'Cisgender' Survive? *The Atlantic*. See: www.theatlantic.com/entertainment/archive/2014/09/cisgenders-linguistic-uphillbattle/380342/ accessed 28/10/2017

42 두 개의 연속체가 필요할 것이다. 하나는 논 트랜스 ⟷ 트랜스 연속체이며, 다른 하나는 논 시스 ⟷ 시스 연속체이다. 물론 연속체가 두 개가 되면 더 복잡해진다. 젠더가 이렇게 복잡하다. 게다가 젠더와 관련된 문제 중 상당수가 이분법적 관점을 지나치게 획일적으로 고수하는 데서 발생한다.

43 See Marinucci, M. (2010). *Feminism Is Queer: The Intimate Connection Between Queer and Feminist Theory*. London: Zed Books, pp. 125-126.

44 See Scott-Dixon, K. (2009). Public Health, Private Parts: A Feminist Public-Health Approach to Trans Issues. *Hypatia*, 24(3), 33-55.

45 철학자 자크 데리다Jacques Derrida(1930~2004)의 개념인 계층화된 이분법적 대립에 따른 것으로, 초점을 전환하면 '트랜스가 기본값이며 논 트랜스가 예외적인 경우라면 어떨까?'라고 질문할 수 있게 된다.

46 See Costello, C. G. (2015). *Cis Gender, Ipso Gender*. http://trans-fusion.blogspot.co.uk/2015/06/cis-gender-ipso-gender.html

47 LGBTQ+ Definitions from The Trans Student Educational Resources website. See: www.transstudent.org/definitions accessed 26/10/2017

48 Sam Killerman quoted in Steinmetz (2014).

49 Sam Killerman quoted in Steinmetz (2014).

50 스파게티 웨스턴 영화의 형편없는 제목처럼 들린다!
Rubin (1993) cited in Wood, G. W. (2000b). *Intolerance on Ambiguity, Gender Stereotypes and Attitudes to Sexuality*. PhD Thesis, The British Library.

51 Butler (1990), p. 17.

52 Warner, M. (2000). *The Trouble with Normal: Sex, Politics and the Ethics of Queer Life*. Cambridge, MA: Harvard University Press.

53 Kitzinger & Kitzinger (1993) cited in Russo, A. (2001). Taking Back Our Lives: A Call to Action for the Feminist Movement. London: Routledge.

54 Bornstein, K. (2013). *My New Gender Workbook: A Step-by-Step Guide to Achieving World Peace Through Gender Anarchy and Sex Positivity*. London: Routledge.

55 See Sell, R. L., Wells, J. A. and Wypij, D. (1995). The Prevalence of Homosexual Behaviour and Attraction in the United States, the United Kingdom and France: Results of National Population-Based Samples. *Archives of Sexual Behaviour*, 24, 235-248.

03 젠더 고정관념과 성 차이

1 Martin and Halverson (1981) cited in Stainton-Rogers, W. and

Stainton-Rogers, R. (2001). *The Psychology of Gender and Sexuality*. Buckingham: Open University Press.
2 유동적 상태 또는 불확실성의 상태.
3 Stangor and Ruble (1987) cited in Stainton-Rogers and Stainton-Rogers (2001).
4 Condry and Condry (1976) and Frisch (1977) cited in Gross, R. (1992). *Psychology: The Science of Mind and Behaviour*. London: Hodder Arnold.
5 Katz, D. (1960). The Functional Approach to the Study of Attitudes. *Public Opinion Quarterly*, 24, 163-204.
6 In Wood, G. (2013). *Unlock Your Confidence. Find the Keys to Lasting Change Through the Confidence-Karma Method*. London: Watkins Publishing Ltd, I assert that relaxation is the basis of confidence.
7 Russell, R. (1959). *The Problems of Philosophy*. Oxford: Oxford University Press.
8 영화 블루스 브라더스The Blues Brothers의 한 장면에서, 할 수 있는 공연이라면 다 해오던 밴드가 어느 주점에 도착한다. "여기서는 어떤 음악을 공연하느냐?"고 묻는 이들에게 주점 주인은 자랑스럽게 "둘 다! 컨트리 앤드 웨스턴뮤직." 이라고 대답한다. 이 밴드는 저녁 내내 60년대 TV 드라마 로하이드Rawhide의 주제곡과 태미 와이넷의 스탠 바이 유어 맨Stand by Your Man을 반복해서 공연한다. 젠더에 대한 고정관념을 상징할 수 있는 완벽한 곡들이다.
9 Bleys, R. C. (1995). *Geography of Perversion*. London: Continuum International Publishing Group.
10 Ochs, R. and Deihl, M. (1992). Moving Beyond Binary Thinking. In W. Blumenfeld (ed.), *Homophobia: How We All Pay the Price*. Boston: Beacon Press, p. 69.

11 Cited in Wood, G. W. (2000). The Achilles Hole: Gender Boundary Maintenance and the Anus. *Psychology of Women Review*, 2(2), 26-40.

12 Allport, G. (1950). *The Nature of Prejudice*. New York: Basic Books.

13 See Goldstein, E. B. (2011). *Cognitive Psychology: Connecting Mind, Research, and Everyday Experience*. Australia: Wadsworth Cengage Learning.

14 Bigler, R. S. and Liben, L. S. (2007) cited in Fine, C. (2010). *Delusions of Gender: The Real Science Behind Sex Differences*. London: Icon Books.

15 Bakan (1966) and Williams and Best (1990) both cited in Basow, S. A. (1992). *Gender Stereotypes and Roles*, 3rd edition. Pacific Grove: Brooks/Cole, p. 4.

16 Asch (1946) cited in Gross (1992). *Psychology: The Science of Mind and Behaviour*. London: Hodder Arnold.

17 좌뇌와 우뇌의 구별은 약 50년 전 연구를 바탕으로 한다 (예: Sperry, R. W. (1968). Hemisphere Deconnection and Unity in Conscious Awareness. *American Psychologist*, 23(10), 723). 뇌의 각 반구가 특화된 기능을 하지만, 최근 연구에 따르면 뇌는 두 개로 분리되어 있지 않다.

18 Nielsen, J. A., Zielinski, B. A., Ferguson, M. A., Lainhart, J. E., Anderson, J. S. (2013). An Evaluation of the Left-Brain vs. Right-Brain Hypothesis With Resting State Functional Connectivity Magnetic Resonance Imaging. *PLoS ONE*, 8(8), e71275. https://doi.org/10.1371/journal.pone.0071275 accessed 30/6/2017

19 Martin, E. (1991). The Egg and the Sperm: How Science Has Constructed a Romance Based on Stereotypical Male-Female Roles. *Signs*, 16(3), 485-501.

20 이러한 묘사는 위험한 여성성과 연관된 전설을 연상시킨다. 전설 속의 세이렌Siren은 불운한 선원들을 유혹해 그들을 죽음에 이르게 한다.
21 Welter (1966) cited in Basow, S. A. (1992). *Gender Stereotypes and Roles*, 3rd edition. Pacific Grove: Brooks/Cole.
22 Gray, J. (1995). *Mars and Venus in the Bedroom: A Guide to Lasting Romance and Passion*. New York: Harper Collins, p. 29.
23 See page 158 of Potts, A. (1998). The Science/Fiction of Sex: John Gray's Mars and Venus in the Bedroom. *Sexualities*, 1, 153-173.
24 Greer, G. (2006). *The Female Eunuch*. London: Harper Perennial.
25 Connell, R. and Pearse, R. (2015). *Gender: In World Perspective*. Cambridge: Polity Press.
26 American Sociological Association. (2016, August 21). Sex and Gender More Important than Income in Determining Views on Division of Chores. *Science-Daily*. See: www.sciencedaily.com/releases/2016/08/160821093100.htm accessed 25/10/2017
27 Money, J. (1988). *Gay, Straight and In-Between: The Sexology of Erotic Orientation*. Oxford: Oxford University Press.
28 Brill (1913) cited in Wood (2000).
29 See Stainton-Rogers and Stainton-Rogers (2001), p. 55.
30 See 'Zero and One' from the film *Home of the Brave* (1986). Directed by Laurie Anderson.
31 Wood, G. W. (2005). *Sex, Lies & Stereotypes: Challenging Views of Women, Men and Relationships*. London: New Holland.
32 Wood, G. W. (2000).
33 Weinberg, G. (2003). *Why Men Won't Commit: Getting What You Both Want Without Playing Games*. New York: Atria Books.
34 Wood, G. W. (2005).

35 de Beauvoir, S. (1992). *The Second Sex*. London: Vintage Classics.

36 Bornstein, K. (2013). *My New Gender Workbook*. London: Routledge.

37 심지어 점성술에서도 열두 가지 성격유형을 바탕으로 하여 두 가지 유형에서보다 훨씬 더 큰 가변성을 제시한다.

38 Erikson (1978), Berne (1971) and Rothblatt (1996) cited in Wood (2000), p. 27.

39 '희망컨대'라고 한 것은 어떤 기술을 사용하든 그것은 인간의 편견에 영향을 받을 수 있고, 무의식적으로도 의제 중심으로 연구를 선택할 수 있기 때문이다.

40 간단히 말하면 효과크기란, 평균치 간의 차이와 자료가 퍼져 있는 정도(표준편차)의 비율을 말한다.

41 크리스토퍼 마그누손Kristoffer Magnusson은 코헨(1977)을 인용한 '코헨의 *d* 효과크기 해석 — 대화형 시각화Interpreting Cohen's d Effect Size an Interactive Visualization'를 인터넷에 게재했다. 집단을 광범위하게 설정한 것은 개념을 소개하고 논의를 쉽게 하기 위해서다. 더 심층적인 분석을 위해서는 마그누손의 사이트를 참고하기 바란다. http://rpsychologist.com/d3/cohend/ accessed 23/7/2017

42 Basow (1992) based on Cohen (1969). *Statistical Power Analysis for the Behavioral Sciences*. NY: Academic Press: 코헨은 *d* 값이 0.20 미만일 경우 효과크기가 작음', *d*가 0.20 이상 0.40 미만일 경우 '작음에서 중간', *d*가 0.40 이상 0.60으로 약 0.50일 경우 '중간', *d*가 0.60 이상 0.80 미만일 경우 '중간에서 큼', *d*가 0.80 이상 1.30 미만일 경우 '큰' 것으로 규정했다.

43 Hyde, J. S. (2005). The Gender Similarities Hypothesis. *American Psychologist*, 60(6), 581-592.

44 The figures in this section are from Hyde (2005). The 1974 review mentioned in Hyde (2005) is Maccoby and Jacklin's *The Psychology*

of Sex Differences. Palo Alto: Stanford University Press.

45 Carothers, B. J., and Reis, H. T. (2013). Men and Women Are From Earth: Examining the Latent Structure of Gender. *Journal of Personality and Social Psychology*, 104(2), 385-407.

46 Joel D., Berman, Z., Tavor, I., Wexler, N., Gaber, O., Stein, Y., . . . Assaf, Y. (2015). Sex Beyond the Genitalia: The Human Brain Mosaic. *PNAS*, 12(50), 15468-15473. See: www.pnas.org/content/112/50/15468 accessed 30/6/2017

47 Rippon, G. (2015). A Welcome Blow to the Myth of Distinct Male and Female Brains. *New Scientist*. See: www.newscientist.com/article/dn28584-awelcome-blow-to-the-myth-of-distinct-male-and-female-brains/ accessed 30/6/2017

48 Fine (2010).

49 Del Giudice, M., Lippa, R. A., Puts, D. A., Bailey, D. H., Bailey, J. M., Schmitt, D. P. (2016). Joel et al.'s Method Systematically Fails to Detect Large, Consistent Sex Differences. *PNAS*, 113(14), E1965. See: www.pnas.org/content/113/14/E1965.full.pdf accessed 30/6/17

50 Del Giudice, M. (2015). Mosaic Brains? A Methodological Critique of Joel et al. (2015). See: http://cogprints.org/10046/1/Delgiudice_etal_critique_joel_2015.pdf accessed 30/6/2017

51 Borrowing the phrase from psychotherapist Carl Rogers (1902-1987).

52 Cited in Stainton-Rogers and Stainton-Rogers (2001), p. 57.

53 Stainton-Rogers and Stainton-Rogers (2001), pp. 56-57.

54 Fine (2010).

55 Stainton-Rogers and Stainton Rogers (2001), p. 115.

56 나는 링크를 제공함으로써 사이비 회의론자의 웹사이트를 소개하지는 않을 것이다. 우연히 UFO나 초능력에 몰두하거나

페미니즘을 음모론이라고 주장하는 웹사이트를 방문하게 된다면 사이비 회의주의가 무엇인지 알 수 있을 것이다. 항상 자신에게 이런 질문을 하기 바란다. "인터넷 저자의 견해를 바꿀 정보가 있을까?"

04 젠더 역할 고정관념의 영향

1 Health Canada, Health Canada's Gender-Based Analysis Policy (2000) cited in Vlassoff, C. (2007). Gender Differences in Determinants and Consequences of Health and Illness. *Journal of Health, Population and Nutrition*, 25(1), pp. 47-61.

2 Basow, S. A. (1992). *Gender Stereotypes and Roles*, 3rd edition. Pacific Grove: Brooks/Cole.

3 Altman (1997) cited in Brannon, L. (2017). *Gender: Psychological Perspectives*, 7th edition. London: Routledge.

4 Vlassoff (2007).

5 Brannon, L. (2017). *Gender: Psychological Perspectives*, 7th edition. London: Routledge.

6 The World Factbook by Central Intelligence Agency, cited in Brannon (2017).

7 Matthews, D. (2015) Sociology in Nursing 3: How Gender Influences Health Inequalities. *Nursing Times* and Vlassoff (2007).

8 La Greca et al. (1995) and Gafvels and Wandell (2006) cited in Vlassoff (2007).

9 White (2013) cited in Matthews (2015), p. 111, 43, 21-23.

10 학습된 무기력Learned helplessness은 긍정 심리학자 마틴 셀리그만Martin Seligman이 제시한 심리 상태/사고방식을 말한다. 불안과 우울증 증상을 겪는 사람이라면 그의 저서 『낙관성 훈련Learned Optimism』을 읽어 볼 만하다.

11 Brannon (2017).

12 영화 몬티 파이튼의 성배Monty Python and the Holy Grail는 1975년 작으로 테리 길리엄과 테리 존스가 감독했다.

13 코미디언이자 작가 스파이크 밀리건Spike Milligan(1918~2002)의 묘비명에는 '내가 아프다고 말했잖아'라고 아일랜드어로 적혀 있다.

14 Carmel (2001) cited in Vlassoff (2007).

15 Basow (1992).

16 Walters (1993) and Valkonen and Martikainen (1995) cited in Vlassoff (2007).

17 Broom (2012) cited in Matthews (2015).

18 Brannon (2017).

19 Travis (2005) and Kent, Patel and Verela (2012) cited in Brannon (2017).

20 Katatrepsis Blog (2012). *Why Does Breast Cancer Research Receive More Research Funding Than Prostate Cancer?* See: https://katatrepsis.com/2012/10/30/whydoes-breast-cancer-research-receive-more-research-funding-than-prostate-cancer/ accessed 19/8/2017; see also Carter, A. J. and Nguyen, C. N. (2012). A Comparison of Cancer Burden and Research Spending Reveals Discrepancies in the Distribution of Research Funding. *BMC Public Health*, 17, 12, 526.

21 Boseley, S. (2016). Prostate Cancer Laser Treatment Could Be a Gamechanger for Men. *The Guardian*, 20 December 2016. See: www.theguardian.com/society/2016/dec/20/prostate-cancer-laser-treatment-could-be-game-changerfor-men accessed 15/8/2017

22 Austin et al. (2004), Deheeger et al. (2002), and Kaminski et al. (2004) cited in Vlassoff (2007) and Brannnon (2017).

23 Simpson, M. (1994). *Male Impersonators: Men Performing*

Masculinity. London: Cassell.

24 NHS Choices. (2017). *Anabolic Steroid Misuse*. See: www.nhs.uk/conditions/ anabolic-steroid-abuse/Pages/Introduction.aspx accessed 14/8/2017

25 Heath, United States, 2014, by National Center for Health Statistics, cited in Brannon (2017).

26 Brannon (2017).

27 Brannon (2017).

28 Malone, L. (2015). Transgender Suicide Attempt Rates Are Staggering. *Vocativ*. See: www.vocativ.com/culture/lgbt/transgender-suicide/ accessed 21/8/2017. See also: https://williamsinstitute.law.ucla.edu/wp-content/uploads/AFSP-Williams-Suicide-Report-Final.pdf accessed 21/8/2017

29 Millett (1977) cited in Stainton-Rogers, W. and Stainton-Rogers, R. (2001). *The Psychology of Gender and Sexuality*. Buckingham: Open University Press.

30 Matthews (2015).

31 *Beautiful Red Dress* by Laurie Anderson from her 1989 album *Strange Angels*. And no, I haven't checked her arithmetic.

32 Rathegeber and Vlassoff (2002) cited in Vlassoff (2007).

33 Connell and Pearse (2015), p. 140.

34 Bornstein, K. (2013). *My New Gender Workbook: A Step-by-Step Guide to Achieving World Peace Through Gender Anarchy and Sex Positivity*. London: Routledge.

35 Connell and Pearse (2015).

36 Baumeister, R. F. (2007). Is There Anything Good About Men? Address given at the meeting of the *American Psychological Association in San Francisco*, August 24, 2007. See:

www.denisdutton.com/baumeister.htm accessed 24/8/2017, and Connell and Pearse (2015).

37 Baumeister (2007).

38 Connell and Pearse (2015).

39 Baumeister (2007).

40 The Titanic Casualty Figures (and what they mean). See: www.anesi.com/titanic.htm accessed 12/8/2017

41 Baumeister (2007).

42 Connell and Pearse (2015).

43 Home Office and Ministry of Justice (2013). *An Overview of Sexual Offending in England and Wales*. London: Author.

44 Office for Victims of Crime (2014). *Responding to Transgender Victims of Sexual Assault*. See: www.ovc.gov/pubs/forge/sexual_numbers.html accessed 12/8/2017

45 Jewkes, R., Fulu, E., Roselli, T., Garcia-Moreno, C. on behalf of the UN Multi-Country Cross-sectional Study on Men and Violence research team. (2013). Prevalence of and Factors Associated With Non-Partner Rape Perpetration: Findings From the UN Multi-Country Cross-Sectional Study on Men and Violence in Asia and the Pacific. *Lancet Global Health*, 1(4), e208-e218. See: www.thelancet.com/journals/langlo/article/PIIS2214-109X(13)70069-X/fulltext accessed 31/7/2017

46 Lees (1996), Warshaw (1988) and Scully and Marolla (1985), cited in Stainton-Rogers and Stainton-Rogers (2001), p. 235.

47 Stainton-Rogers and Stainton Rogers (2001), p. 239. They also highlight portions of the Moirs' text that are homophobic and deny the existence of bisexuality; see p. 198.

48 Peterson, B. E. and Zurbriggen, E. L. (2010). Gender, Sexuality, and

the Authoritarian Personality. *Journal of Personality*, 78(6), 1801-1826.

49 Furnham, A. (2015). The Mind of the Authoritarian. *Psychology Today*. See: www.psychologytoday.com/blog/sideways-view/201502/the-mind-theauthoritarian accessed 13/8/2017

50 Duncan, L., Peterson, B. and Winter, D. (1997). Authoritarianism and Gender Roles: Toward a Psychological Analysis of Hegemonic Relationships. *Personality and Social Psychology Bulletin*, 23(1), 41-49.

51 Gormley, B. and Lopez, F. G. (2010). Authoritarian and Homophobic Attitudes: Gender and Adult Attachment Style Differences. *Journal of Homosexuality*, 57(4), pp. 525-538.

52 *Pleasantville* (1998, directed by Gary Ross), reviewed by Edward Johnson-Ott (1998). See: www.imdb.com/reviews/149/14904.html accessed 31/5/2017

05 젠더 이야기

1 Stainton-Rogers, W. and Stainton-Rogers, R. (2001). *The Psychology of Gender and Sexuality*. Buckingham: Open University Press.

2 Connell, R. and Pearse, R. (2015). *Gender: In World Perspective*. Cambridge: Polity Press.

3 야오이는 남성 동성애를 다루는 일본 만화 장르로 십 대 여성이 주요 독자층이다.

4 Mulkay (1985) cited in Stainton-Rogers and Stainton-Rogers (2001), p. 197.

5 Stainton-Rogers and Stainton-Rogers (2001), p. 197.

6 Hoffman, R. J. (1984). Vices, Gods and Virtues: Cosmology as a

Mediating Factor in Attitudes to Homosexuality. *Journal of Homosexuality*, 9, 27-44.

7 Scarry, E. (1985). *The Body in Pain: The Making and Unmaking of the World*. Oxford. Oxford University Press, p. 181.

8 Bem (1993), Norton (1997), Nye (1999), Jeffrey-Poulter (1991), Moran (1996), and Spencer (1995), cited in Wood, G. W. (2000b). *Intolerance on Ambiguity, Gender Stereotypes and Attitudes to Sexuality*. PhD Thesis, The British Library.

9 Douglas, M. (1969). *Purity and Danger: Concepts of Pollution and Taboo*. London: Routledge & Kegan Paul.

10 레위기 17장부터 26장은 일명 성결법전이라고도 알려져 있는데, '거룩함'이 핵심 내용이기 때문이다. 성결법전은 제사장들의 국가로서 이스라엘 민족의 행동 강령을 설명한다.

11 Hoffman (1984), p. 37.

12 고대 이집트 종교에 대한 관점이 미라를 다루는 공포 영화들에 영향을 받아 부정적으로 될 수 있음을 고려해보자. 또 교양 없는 사람을 뜻하는 영어 단어 필리스틴philistine은 필리스티아인(오늘날의 팔레스타인의 어원)에서 유래된 말이다.

13 Williams, W. L. (1986). *The Spirit and the Flesh: Sexual Diversity in American Indian Culture*. Boston: Beacon Press. Also, Wood, G. W. (2005). *Sex, Lies & Stereotypes: Challenging Views of Women, Men and Relationships*. London: New Holland, and Hoffman (1984).

14 Douglas (1969).

15 Wood, G. W. (2000a). The Achilles Hole: Gender Boundary Maintenance and the Anus. *Psychology of Women Section Review*, 2(2), 26-40.

16 Bleys, R. C. (1995). *Geography of Perversion*. London: Continuum International Publishing Group.

17 Wood, G. W. (2000).

18 '하느님은 아담과 이브를 만들었지 아담과 스티브를 만든 것이 아니다God made Adam and Eve, not Adam and Steve'라는 말을 들을 때마다 나는 항상 '아담과 이브(생로랑)는?'이라고 묻는다. 그런 다음 아담과 이브는 태어난 것이 아니라 만들어졌기 때문에 배꼽이 없다는 점을 지적한다. 또, 아담과 이브는 채식주의자였다(창세기 1장 29~30절). 역설적이게도, 성서에서 동물을 먹어도 된다고 허락받은 사람은 동물들을 노아의 대홍수에서 구한 노아이다(창세기 9장 3절). 분명히 아담과 이브를 절대적 불변의 표준으로 삼는 것은 선택적 해석이라고 할 수 있다.

19 나는 여기서 신을 '신들'로, 사람을 '사람들'로 바꾸었다. 앞서 강조한 바와 같이 원본에는 복수형으로 되어있다.

20 Eat your heart out John Gray.

21 The Adam and Eve Story: Eve Came From Where? See: www.biblicalarchaeology.org/daily/biblical-topics/bible-interpretation/the-adam-and-eve-storyeve-came-from-where/ accessed 17/8/2017

22 아마도 성배와 칼이 여성과 남성을 상징하는 이분법적 은유를 간과하기 힘들 것이다.

23 Eisler, R. (2015). Human Possibilities: The Interaction of Biology and Culture. *Interdisciplinary Journal of Partnership Studies*, 1(1). See: http://pubs.lib.umn.edu/cgi/viewcontent.cgi?article=1002&context=ijps accessed 17/8/2017

24 Bettelheim, B. (1976). *The Uses of Enchantment: The Meaning and Importance of Fairy Tales*. London: Penguin Books.

25 Wood, G. (2013). *Unlock Your Confidence*. London: Watkins Books.

26 Stainton-Rogers and Stainton-Rogers (2001).

27 이 역을 연기한 배우는 마이클 패스벤더와 제임스 매커보이이다.

아카이브에서 관련 영상을 찾을 수 있다. 주의: 일부는 매우 노골적이고, 선정적이며 폭력적인 영상이 포함될 수 있다. https://archiveofourown.org/

28 Stainton-Rogers and Stainton-Rogers (2001), Wood (2000).

29 Stainton-Rogers and Stainton-Rogers (2001), p. 147.

30 Connell, R. W. (2005). Masculinities (2nd Edition). Cambridge: Polity Press.

31 Stainton-Rogers and Stainton-Rogers (2001), p. 256.

32 Connell and Pearse (2015), pp. 94-95.

33 Basow (1992), p. 328.

34 Bem (1976), cited in Basow (1992).

35 Rothblatt, M. (1996). *The Apartheid of Sex: A Manifesto on the Freedom of Gender*. London: Pandora, p. 115.

36 Bornstein, K. (2013). *My New Gender Workbook: A Step-by-Step Guide to Achieving World Peace Through Gender Anarchy and Sex Positivity*. London: Routledge.

37 Basow (1992).

38 Connell and Pearse (2015), p. 47.

39 Wood, G. W. (2005).

40 Mayer, J. D., Roberts, R. D., & Barsade, S. (2008). Human Abilities: Emotional Intelligence. *Annual Review of Psychology*, 59, pp. 507-536. See: www.researchgate.net/publication/5907081_Human_Abilities_Emotional_Intelligence accessed 17/8/2017

41 Goleman, D. (2004). What Makes a Leader? *Harvard Business Review*. See: https://hbr.org/2004/01/what-makes-a-leader accessed 17/8/2017

42 Goleman, D. (2016). *Women Leaders Get Results*. See: www.danielgoleman.info/women-leaders-get-results-the-

data/ accessed 18/8/2017

43 Definition from Positive Psychology Center Homepage. See: https://ppc.sas.upenn.edu/ accessed 18/8/2017

44 Pronounced 'Cheek-Sent-Me-Hi'

45 Wood, G. W. (2013).

46 Granger, K. (2016). Have You Tried ... Not Being a Mutant? How The X-Men Movies Fight for LGBT Rights. *Movie Pilot*. See: https://moviepilot.com/posts/3988951 accessed 22/8/2017

47 그리어의 말을 들으면 대학교 시절 마르크스경제학 교수가 했던 말이 생각난다. 그는 "다른 체제에 대해 찬성 투표를 할 수 없다면 민주주의가 아니다"고 말했다.

48 Lewis, H. (2015). What the Row Over Banning Germaine Greer Is Really About. *New Statesman*, 27 October 2015. See: www.newstatesman.com/politics/feminism/2015/10/what-row-over-banning-germaine-greer-reallyabout accessed 1/8/2017

49 이로 인해 그리어에게는 TERF(trans-exclusionary radical feminist, 트랜스젠더를 배제하는 급진적 여성주의)라는 꼬리표가 붙게 되었다. TERF는 주로 비방하기 위해 사용되는 용어이다.

50 Bornstein, K. (2016). *Gender Outlaw: On Men, Women and the Rest of Us*. New York: Vintage.

51 Nichols, J. (2014). Tony Benn and the Five Essential Questions of Democracy. *The Nation*. See: www.thenation.com/article/tony-benn-and-five-essentialquestions-democracy/ accessed 21/8/2017

52 Connell and Pearse (2015).

53 Wilkinson and Mulgan (1995), cited in Stainton-Rogers and Stainton-Rogers (2001).

54 See: https://chomsky.info/commongood01/ accessed 23/8/2017

55 Sibley, D. (1995). *Geographies of Exclusion*. London: Routledge.

56 Schumacher, E. F. (1995). *A Guide for the Perplexed*, New Edition. London: Vintage.

57 Stainton-Rogers and Stainton-Rogers (2001), p. 181.

58 Connell and Pearse (2015), p. 152.

06 진보 – 의미 있는 젠더

1 오스카 와일드의 소설『도리언 그레이의 초상The Picture of Dorian Gray』 서문에서 발췌하여 인용하였다. 원본에서는 젠더가 아닌 예술이라고 되어 있다.

2 Wood, G. (2008). *Don't Wait for Your Ship to Come In . . . Swim Out to Meet It. Tools and Techniques for Positive Lasting Change*. Chichester: Capstone.

3 아니면 선택한 인용문 몇 개를 보기 위해서 열정적으로 훑어보았을 수도 있겠다.

4 젠더의 변화를 인정하지 않고, 젠더 변화를 필요하다고 생각하지 않는 사람들과의 관계에 대해서도 같은 작업을 해야 한다. 그들 역시 과정의 일부분이며 이러한 변화에 포함되어야 한다.

5 Bornstein, K. (2016). *Gender Outlaw: On Men, Women, and the Rest of Us? (Revised & Updated)*. New York: Vintage Books.

6 추가자료 참조.

추가자료

도서

Basow, S. A. (1992). *Gender Stereotypes and Roles*, 3rd edition. Pacific Grove: Brooks/Cole.

Bornstein, K. (2013). *My New Gender Workbook: A Step-by-Step Guide to Achieving World Peace Through Gender Anarchy and Sex Positivity*. London: Routledge.

Bornstein, K. (2016). *Gender Outlaw: On Men, Women, and the Rest of Us*. London: Vintage.

Brannon, L. (2017). *Gender: Psychological Perspectives*, 7th edition. London: Routledge.

Burr, V. (1998). *Gender and Social Psychology*. London: Routledge.

Cameron, D. (2007). *The Myth of Mars and Venus*. Oxford: Oxford University Press.

Connell, R. and Pearse, R. (2015). *Gender: In World Perspective*, 3rd edition. Cambridge: Polity Press.

Criado-Perez, C. (2016). *Do It Like a Woman . . . Change the World*. London: Portabello Books.

Delaney, S. R. (1996). *Trouble on Triton: An Ambiguous Heterotopia*. Middletown, CT: Wesleyan University Press. Originally published in

1977 as *Triton*.

Eckert, P. and McConnell-Ginet, S. (2013). *Language and Gender*, 2nd edition. Cambridge University Press.

Elgin, S. H. (2000). *Native Tongue*. New York: The Feminist Press. Originally published in 1984.

Eisler, R. (1989). *The Chalice and the Blade*. New York: HarperCollins.

Fine, C. (2010). *Delusions of Gender: The Real Science Behind Sex Differences*. London: Icon Books.

Gentle, M. (1996). *Ancient Light*. London: Gollancz. Originally published in 1987.

Gentle, M. (1996). *Golden Witchbreed*. London: Orion. Originally published in 1983.

Greer, G. (2006). *The Female Eunuch* (Harper Perennial Modern Classics). London: Harper Perennial.

Killerman, S. (2017). *A Guide to Gender: The Social Justice Advocates Handbook*, 2nd edition. Texas: Impetus Books.

Le Guin, U. (1981). *The Left Hand of Darkness*. London: Orbit. Originally published in 1969.

Le Guin, U. (1999). *The Dispossessed*. London: Gollancz. Originally published in 1974.

Piercy, M. (2016). *Woman on the Edge of Time*. New York: Del Rey. Originally published in 1976.

Rottblatt, M. (1996). *Apartheid of Sex: Manifesto on the Freedom of Gender*. London: Pandora.

Stainton-Rogers, W. and Stainton-Rogers, R. (2001). *The Psychology of Gender and Sexuality*. Buckingham: Open University Press.

Sycamore, M. N. (2006). *Nobody Passes: Rejecting the Rules of Gender and Conformity*. Emeryville: Seal Press.

Wood, G. W. (2005). *Sex, Lies and Stereotypes, Challenging Views of Women, Men and Relationships*. London: New Holland.

영화

www.allmovie.com/characteristic/theme/gender-bending-d1407
Pleasantville (1998). Directed by Gary Ross.

웹사이트/연락처

www.psychologyofgender.org
www.nonbinarygender.org
info@drgarywood.co.uk